東アジアにおける グローバル・ガバナンス

ネットワーク構築のための相互理解

坂野喜隆
原　宗子　編著

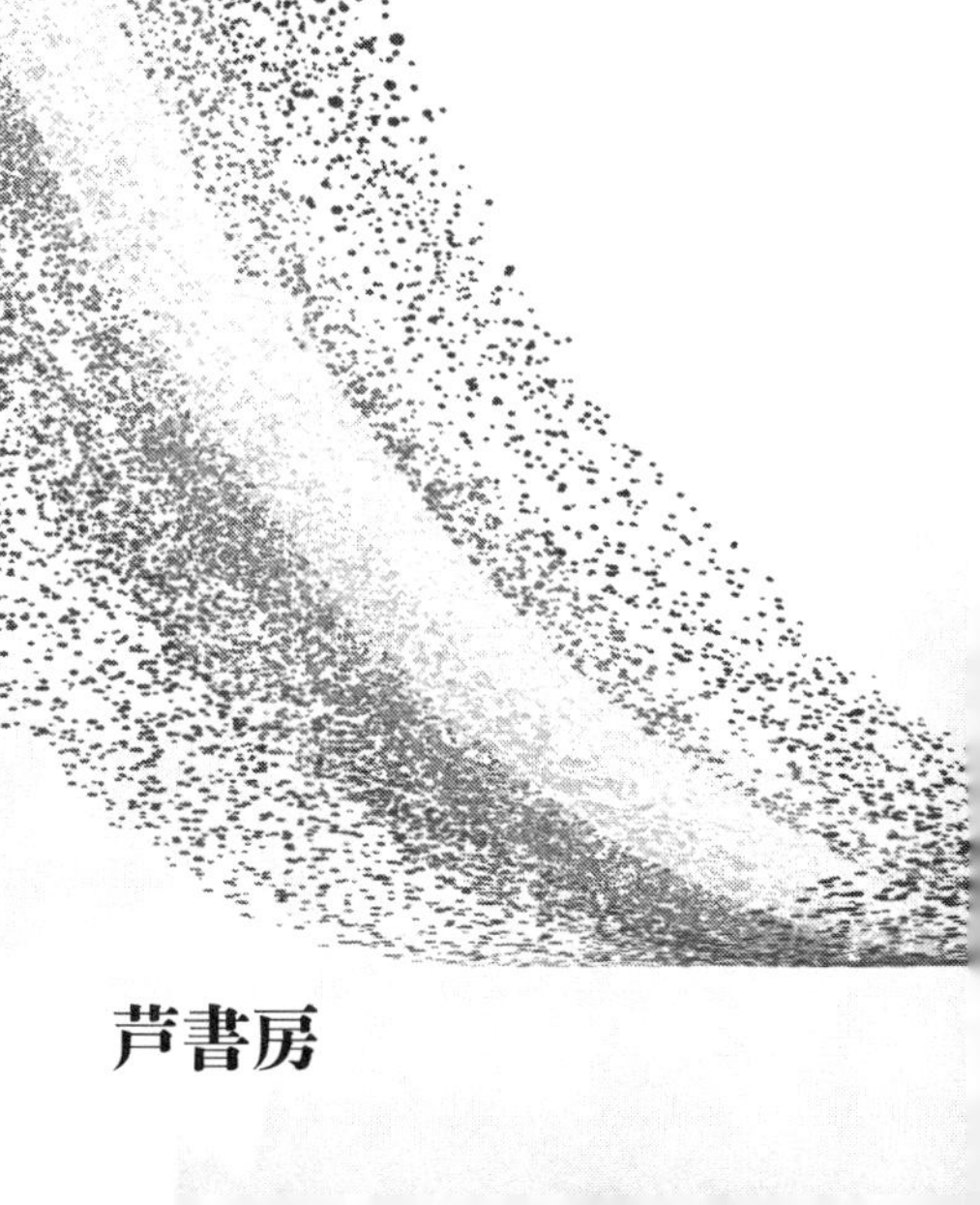

芦書房

はじめに

今日、日本のみならず、世界第二位のGDPを誇る中国、韓国、台湾、シンガポール、インドネシアなど、アジア諸国の経済的地位が高くなっている。西欧諸国に「追いつけ、追い越せ」というかつての至上命題から、アジアとして、将来へ向けた新たな道を歩まなければならない時代となった。

その一方で、東アジアを中心とした国々は、ヒト、モノ、カネの移動、情報の入手が容易になり、アジア各国間の近接性が高くなっている。このような国家間の垣根が低くなり、各国のつながりが強い絆で結ばれている状態が「トランスナショナル」(transnational) であり、「トランスナショナル・ガバナンス」(transnational governance) ともいう。「国際」(インターナショナル：international) とは、国と国に垣根があることを前提とした言葉である。「水際」(みずぎわ) という言葉が示すように、「国際」は国の際 (きわ：inter-) という意味を持っている。しかし、「トランスナショナル」は、国家を「越えた、貫いた」という意味になり、諸国の垣根がほぼないような状態からの思考である。

トランスナショナルなアジアは、まさに共同体としての様相を強くする。このようなアジア共同体がどの程度、連帯感が強いものとなるかが、今後の一つのアジア、共同体としての

2

アジアのカギとなろう。アジアの一体化の成功は地球規模に拡大する可能性を秘めている。これこそが「グローバリゼーション」(globalization)であり、「グローバル・ガバナンス」(global governance)である。

その折に重要となるのは、各国の信頼であり、その信頼に基づいた絆である。そのためには、お互いの歴史文化を理解し、互いに尊重し合うことが求められる。アジア諸国は、中国等を中心とした長い歴史と文化、伝統を保持してきた。相互交流・相互理解の伝統ともいえる。こうした前提があるアジア諸国では、従来以上に各国を知り、互いを認めたうえでの双方向のコミュニケーションを行っていくことこそ、信頼の要となる。まさに、アジア諸国の一体化はグローバル・ガバナンス構築のための第一歩である。

本書では、第一部として、「東アジアにおける歴史と文化」を垣間見ることにより、東アジアの歴史や文化の原点を押さえることを意図している。第二部では、「東アジアにおける経済」を過去と対比しながら、現状を認識し、実感していくことが肝要である。第三部の「現代の東アジアにおける社会情勢」は第一章、第二章を学んだうえで、これからの国内外の個別・具体的なテーマでアジア諸国の状況をとらえ、一つのアジア、すなわちアジア共同体構築の手掛かりになればと考えている。このような積み重ねこそが、グローバリゼーション、そしてグローバル・ガバナンスへと導く足がかりとなる。

本書は、トランスナショナルなアジア共同体の構築のため、アジア諸国の相互理解を進めたいという意欲的な試みとなった。究極的な目的は、グローバル・ガバナンスである。このような試みができたのは、一般社団法人「ユーラシア財団 from Asia」からのご厚情であった。私が所属する流通経済大学では、財団からのご支援を受け、「アジア共同体の可能性—政治、経済、文化の観点から—」という講座を設けることができた。当該講座では、本学教員のほか、各専門分野の先生方をお招きし、上述の試みを実践できた。ご協力いただいた先生方に感謝申し上げたい。

このようにしてグローバル・ガバナンスへの第一歩としての試みに取り組めたのは、前述したようにユーラシア財団 from Asia の皆様のご理解とご支援があったからである。最後に、財団の佐藤洋治理事長をはじめとした理事の皆様、そしてご担当いただいた財団事務局の皆様に心からお礼申し上げたい。

二〇二五年一月

坂野喜隆

もくじ

第1部

東アジアにおける歴史と文化

第1章 東アジア女性史点描

1 中国史上の「著名」な女性たち

「女性」を取り上げる、となると、世に「セクハラ論議」が溢れているにも拘わらず、一般的にはついつい〈美醜〉に着目するという感性の人が、男女を問わず、まだ多いように思う。「四大美女」などという概念自体が、そういう傾向の最たるものだろう。ただ一口に「美」といっても、「美醜」についての判断は個々人の感性次第だから、中国には「環肥燕痩」などという言葉もある。「環」とは、知名度の高い唐代玄宗皇帝との逸話で知られる楊貴妃の名が「玉環」であったことにより、彼女はポッチャリ型だったことを反映するらしい。「燕」とは、前漢一一代成帝の皇后・趙飛燕を意味し、歌舞の名手であったといわれる彼女はホッソリ型だったようだ。つまり「美女」といっても色々だ、という、それなりに醒めた見方の存在を示すといえよう。

「四大美女」の残る二人は、といえば諸説紛々、春秋時代、越王勾践の指示で呉王夫差に贈られた西施、秦滅亡後の楚漢戦争で項羽が「四面楚歌」に陥った時、一緒に居たとされる虞美人、前漢・元帝によって、匈奴の呼韓邪単于に贈られたという王昭君、等々を挙げる場合が多いが、学生諸君お気に入りの『三国志演義』に登場する架空の人物・貂蝉を挙げる説さえある。

「美女」の反対語といえば、まあ、「悪女」を挙げるべきか。もっとも、「悪女」＝「醜女」とは言えまい。中国には、「三大悪女」という概念もあるが、これまた諸説紛々、一般には、前漢高祖劉邦の妻（皇后）呂雉、唐代三代目の高宗の皇后となり、ついには中国史上唯一の「女帝」となった則天武后、清末、咸豊帝の貴人（側室）で男子（後の同治帝）を生み、次いで即位した光緒帝の背後でも同治中興路線の継続を図った西太后を挙げるのが一般的だ。が、彼女たちは、決して「醜女」ではなかったようだ。そもそも「醜女」では、皇帝の後宮に入ることは困難だったろう。

が、では、何故「悪女」なのか。それは、彼女たちが「政治」の実権を握ったからである。

2 〈正史〉における女性の扱われ方①

少なくとも記録に残る限り、春秋戦国期において政治に女性が関わった例は幾らも見える。それどころか、前漢・高祖の妻・呂后に至っては、高祖の没後、息子である恵帝が気弱になって政治を果敢に行えなくなった、と見るや、自ら政治を担い、恵帝の死後は本格的に政治を担った。だから『史記』『漢書』とも、彼女について「本紀」すなわち、皇帝など「天下」を治めた人物のみを記す分野に、その一生を描いている。といっても、『史記』の始皇本紀第六などに見られるように、「本紀」には、その人物・政治概要などの様々な「欠点、問題点、動乱の様子」等も記されるので、必ずしも〈為政者賛美〉が記されている訳ではない。が、「為政者」として生きた、と位置付けられていることは確かである。さらに、近年発見されている彼女の時代の政治状況を記した簡牘（木簡や竹簡など、板に書かれた文書。まだ紙の利用は困難）などに拠る研究では、相応に穏やかな政治が行われた、という評価も多い。

ところが、前漢中期以降、政治に携わる人びとの中に、儒学系の倫理観が普及し始め、女性は政治に関わるべきでない、という観点が普及していった、と一般に考えられている。そういう概念が普及したらしい後漢以降、正史に、女性の政治的手腕を評価する記載が描かれる例は少なくなってゆく。

ただし『後漢書』には、巻一〇上下が「后妃紀」と命名され、二十余名ほどの皇后たちについて述べてある。「紀」とは、上述した「本紀」、つまり〝天下を治めた人びと〟の記録の意味で、皇后たちに関する記述は、その末尾に置かれているのだが、その実態は単に皇后たちの政治的行為を記録する、というより、如何なる家系の出身で、身内の男性たちが彼女たちの背後でどのような政治的活動を行ったかの記録、という側面、つまり「外戚」の記録、というのが実質に近いといえる。実のところ皇后の存在は政治に大きな影響を与えたが、〈正史〉では、彼女たち自身の言動、というより、その「外戚」が政治の実権を握って何をしたかの記録という形を取る。第四代、和帝が一〇歳ほどで即位し皇太后竇氏が実権を握って以降、歴代の外戚は、成人して実力を持ち始めた皇帝が宦官の力を使って政治に乗り出すのに対抗し、外戚と宦官との抗争が後漢の政治の特徴だ、といった評価まで生むようになる。歴史の描かれ方において、女性自身の政治的能力が問題ではなくなってゆく、とみるべきかもしれない。

とはいえ、南朝宋の范曄の記した『後漢書』が、呂后のように為政者になったわけでもない皇后たちを「紀」で扱っていることを、范曄本人は、どのような意図で記したのだろう。范曄は、光武帝と二代目の明帝とが后妃の制度を改定したことなどに着目し、さらに皇后たちが独自の立場で政治に関わったことを、「詩書」の嘆く処とほぼ同じ、つまり春秋・戦国時代同様様々な問題があった、と批判的に述べつつ、それが独自の時代を構成した要素だとも見ている。つまり后妃を、〈末尾〉ではあっても〈為政者〉のグループに含めている、という点は、独自の見解だともいえる。

『後漢書』における女性の描き方の特質は、実は他にもある。『列伝』の巻八四（列伝七四）は「列女伝」と題されていて「皇后などは、已に本紀に記し、また有力な家の者についてはそれぞれの家の伝に付記されているが、そうでない者で才能や行動が秀でているものは、操を保ったというだけの存在ではない。」と述べ、一般女性の中から着目すべき人物を選んで描いているのである。ここに、初めて〈正史〉に一般の女性の言動を纏めて記録する、という価値観が示されたことになる。

ただし、その後こういう観点が〈正史〉の書き方として一般的になったわけではない。以後、『晋書』以降『旧五代史』までの正史では、形式上ほぼ全てが「本紀」ではなく、列伝の冒頭を后妃伝としている。こういう扱われ方の変化は、皇后などが、あくまで〈臣下〉のトップであって為政者ではない、という価値観が生まれたことを示すものともいえる。

例外は、則天武后が出現した唐代を描く新旧の唐書で、『旧唐書』では本紀の巻六全体が、「則天皇后」のタイトルで彼女の事績を記し、また『新唐書』では、やはり「本紀」の巻四に「則天順聖武皇后」のタイトルで、皇帝としての事績が記される。皇太后など女性関係の記載は表でも扱われるが、無論、列伝の冒頭は后妃伝上下である。ただし、則天武后については「則天武皇后」の表記で、他の皇后たちと並んでの記載も、列伝にも記されているのである。

『後漢書』列女伝のような一般の女性の記録は、『隋書』以前では、『晋書』と『魏書』にしか存在しない。これは何故なのだろう。おそらく、一つにはそれらの成立年代によるものかもしれない。後代のことを扱っているのに、『三国志』が『後漢書』より一〇〇年ほども古く成立しているように、『晋書』は、唐の貞観二〇（西暦六四八）年の成立で、『魏書』は北斉の天保五（西暦五五四）年の成立である。ただし『魏書』は、東魏・北斉を「正統」とする、つまり非漢族の王朝を評価する立場で記されているので、前近代の歴史家の中には、これを「公正さ」を欠く、として「穢史」などと呼ぶ立場もあった。そうまで貶めるつもりはないが、牧畜民の建てた王朝では、女性の政治への参加がよく見られるので、北魏の政治自体の動向に女性の言動が関わった、との判断があったかとも思われる。

他方『晋書』の成立は、既に後の則天武后が太宗の才人（皇帝の側室の位名）として後宮入りし、よく知られるようになっていた時期であるから、彼女の存在が何らかの影響を与えている可能性も考慮すべきかもしれない。

『宋史』以降の正史では、列伝に后妃などだけではなく、〈列女伝〉と題し一般の女性の事績を記録する章を設けることが一般的になり、『遼史』『金史』『元史』『明史』と『清史稿』まで続いている。それだけ〝一般の女性〟の言動に関する注目度合いが増した、とも考えられる訳だ。だから『清史稿』が、「『列女』を『史』に入れるのは、『後漢書』から始まる」などと述べているのは、必ずしも正確な表現とは言えないが、おおまかな方向を示しているとはいえよう。

3　女性をどう描く

では、どのような女性の働きが、記録されたのだろう。

前述の通り、新たな女性観を示したともいえる『後漢書』巻一〇「皇后紀」は、〈皇后紀を書く理由〉を叙述して後、後漢最初の皇帝・光武帝の二人の皇后の記載から始まる。そう、光武帝には二人の皇后が居た。最初の「皇后」は、郭聖通皇后と言い、十余万の兵を持っていた真定王劉楊の姪で、母は景帝の七代の孫・恭王の娘である。光武帝は真定地域を勢力下に収めんとした時、郭聖通を妻にすることで、その一族の支援を得て勢力拡大に成功した。

他方、今一人は、光烈陰皇后と称され、名は麗華、光武帝の故郷に近い南陽・新野の人である。

「皇后紀」の記述に拠れば、光武帝が初めて新野に行った時、彼女の美貌を知り気に入ったらしい。後、長安に行った時、街で「執金吾（警護の武官。両端に金を縫った銅の棒を携え、きらびやかな制服だったという）」がとても華やかに行き交うのを見て「仕官するなら執金吾、妻にするなら陰麗華」と口癖にしたともある。更始元（西暦二三）年

写真１－１　武即天の孫・永泰公主の墓の壁画・唐代の美人図の典型か

（出所）筆者撮影。

六月、一九歳の麗華は妻になった。が、司隷校尉となった光武帝が洛陽に行く時、麗華は新野に戻らされ待っていたようだ。その間に光武帝は、勢力拡大の必要性等から上述した郭聖通を娶っている。建武元年、光武帝が即位すると、それまでに様々な必要上から側室にしてきた多くの夫人たちと共に麗華も洛陽に来させた。光武帝は麗華を皇后にしようとしたが、既に郭聖通は男子を生んでいる。だから子を産んでいなかった麗華は皇后になることを拒み、結局、郭聖通が皇后になった。後、建武四（西暦二八）年、麗華も男子（後の明帝）を生む。後、郭皇后は「寵、稍や衰え」たとされ、当然乍らこれを怨んだようだ。結局、建武一七年、郭皇后は廃されて「中山王太后」になると、麗華が皇后になったのである。

こういう経緯から見えてくる蔭麗華の事績こそ、范曄に、類例のない『後漢書』后妃伝を書かせたものではないだろうか。

まず、父・陰陸は相応の富人ではあったようだが庶民であり、早く麗華七歳の時に死去している。が、光武帝自身がほれ込むほどの美貌で愛されていたようだ。にも拘わらず、光武帝が相次ぐ戦争と支配権拡大に努めねばならない期間は、「実家で待て」という指示に従えるだけの冷静さを持っていた。子供を産んでいない段階では、先に結婚していたにも拘わらず自らが皇后になることを拒否し、男子を生んだ郭皇后を建てさせた。性格は恭しく謙虚で、遊びなどは控えめ、笑い話なども好きではなかった、と記されている。亡くなった父を大切に思い、彼の話になると没後数十年経つのに、涙にならざるをえなかった、ともある。つまり、末端とはいえ皇族の一人であった郭皇后とは異なり、無官の民でしかも父は早く逝去、夫が仕事で多忙な時には邪魔せず、妻としての格付けについては後継ぎたりうる子孫の有無を重視し、大人しく控えめで、「孝」であった。何より夫が気に入る美貌もあって愛されていた。このような諸点が、范曄に「ありうべき妻の姿、すなわち理想的女性の在り方」として評価されたのではなかろうか。

　政治的実権を握ったか否か、という結果としての行動より、女性自身の生き方が、夫に盲従するのではなく自身の見解と判断力を持ち、状況を判断して必要な行動を採り得るだけの、さらに自身の能力や特性をも客観的に評価できるだけの理性を持ち、「孝」という重要な徳を供え、夫に愛された、つまり独自性・判断力・客観性・孝心、及び夫からの愛を得た、という陰麗華の特質を記述していることになる。

　そもそも、后妃紀の執筆理由について范曄は、幼君が立つ場合、古えでは政治を忠賢な家宰に委ね婦人に任せることは無かったが、秦の⊠太后（昭王の母・宣太后）が初めて政治を摂り、以後、漢でもそれに倣って間違いを改めなかった、と見る。そういう場合、政治的な事業は自分の父兄に任せ、明賢な家臣を抑圧して自分の威厳を高める傾向にあり、まさしく古来の詩・書が嘆いているような状況と同様の事態が出現した、ともいう。そこで光武帝・明帝が后妃の制を改正し、以後改善された、と述べ、その「結果」として、郭皇后と陰皇后の例が、冒頭に論じられているのである。従って「女性」としては、光武帝らの制度改正が、新しい〈后妃〉を生んだかの如く述べられてはいるのだが、実は、上述した陰麗華個人の能力と人間性こそ、新たな理想的后妃の姿だと述べたかったのではないか、と思われる。さらに、明帝の皇后・馬皇后についても、『易』『春秋』などから董仲舒の書等を愛読し、衣装は飾らないものを選び遊娯の事は滅多にしない、といった習慣を記し、息子の粛宗即位後、親族を列侯などに封ずることを認めなかった、といった行動を特筆している。対してその次の代、穆宗の鄧皇后らについては、服装を飾らず、陰后に気を使っていたこと等を記すも、後に陰后に疎んじられていったこと等も記し、陰后が巫蠱のことを行ったとして廃されると彼女を救おうとしたが果たせず、殤帝が崩じて安帝が立つと朝政し、殤帝の陵墓作りなど、宗廟の祭司の食事等の品目を減らす、諸般の事の費用倹約に努めたと記す。

つまり、『後漢書』后妃伝は、決して〈外戚列伝〉ではなく、皇后となった女性個々人に、それぞれの人間性・特質を発見し、叙述しようとしたとの意欲があったのではないかと考えたい。

4 政治以外で活躍した女性

ただし以後の正史において「列伝」で言及される女性は、やはり〈夫に貞淑であった〉とか、〈父母・義父母に孝養を尽くした〉、といった生き方を評価され、言及される例が一般的である。

では、家族への道徳的な対応と、政治活動面での活躍、といった面以外、女性が評価されていることは無いのだろうか？　残念ながら、正史列伝でのそのような言及は、極めて乏しい。

多くの女性が二〇〇〇年来従事してきた〈労働〉の主なものは、やはり農業と〈家事〉であったと考えられる。[1] そのような側面については、最近では、村上陽子氏が、「収穫から調理まで」と題して、京都大学での研究会で報告されたものに、極めて詳細に労働実態を示す検討が発表されている。[2]

ただし、他の活動については、むしろ民間の伝説のうちに、興味深い事例が残されている。

典型的な〈著名人〉として、黄道婆を挙げてみよう。

皆さんも上海に観光に行くことがあれば、比較的簡単に「黄道婆記念堂」とか「黄道婆墳墓」とか、いたる処にある「黄道婆碑」などを見学することができるだろう。そのように、一般の人びとに知られている〈黄道婆〉という女性は、一口で言えば「木綿生産技術の画期的開発」をした、と考えられている女性である。正史に記録は見えず、例えば元末に陶宗儀が記した随筆『南村輟耕録』などの、皆さんにとっては少々探しづらい何種かの書籍に記録がある。

〈黄道婆〉というのも、そう伝えられている、というだけで本名ではなさそうである。ただ、彼女が開発したとされる技術は日本にも伝わり、日本の衣料品生産にも大きな影響を与えた。

中国や日本における衣料品は、いまだ栽培作物が普及していなかった新石器時代から使われていた葛布に次いで、麻と絹の使用が一般的になったが、宋代頃から木綿の使用が始まったらしい。葛・麻・絹は繊維自体が長いのに対し、木綿という繊維を作るワタは、殻から取り出した段階では短い。そこで、使いやすい布を制作するには、織機に掛けられるだけの長さのある糸を作る進んだ技術が、先ず必要になる。

26

竹垣惠子氏の「黃道婆とその時代」[3]が、諸伝説を整理して纏められた理解によれば、黄道婆が工夫した技術を、概ね下記のような四種に整理しておられる。

（1）綿の実の殻の中に混在する種とワタとを分ける技術。「攪車」という車を用いて、作業効率を上げげた。

（2）実の殻の中で固まっていたワタを細い糸に紡ぎうるよう取り出すには、できるだけバラバラにする必要がある。そのため従来は、糸（弦）を張った竹製の弓の弦と柄の中央にワタを置き、弦を手で引っ張ってワタに当て、塊を砕いていた、これに対して紐を引いて弦をワタ塊に充てられるように改良し、手指で綿弓を弾くだけの従来の綿打ちに比べて、労力や作業時間を省略できる綿打ち用の工具（椎弓）を作った。

（3）ワタから糸を紡ぐための糸車について、以前は一本であった糸錘棒を三本に増やし、足踏み式にして糸紡ぎの能率をあげげた。

（4）綿織物での文織りを可能にした事から、平織りの綿布から「折枝・団鳳・棋局・字様」といった文様の布を織り出すことが可能になった。

つまり、大量生産が可能な合理化を実現したのである。

衣料生産は、冬に重宝する毛皮が狩猟の産物として男性の手で獲得されたが、それ以外は女性の従事が多かったのは確からしい。ただし、麻の繊維を取るため、川に持って行き足で踏むといった作業は男性も担ったし、桑の木を背丈程度に整えないで高く育てていた地域（例えば斉など）では、桑の葉摘みや樹の手入れなどに男性が従事することもあったようだ。織物についても、中国全土に衣料を供給する、と豪語した斉をはじめとする高級品生産地では、男性労働もあったようで、墓地から出土する高級品の中には、織り手として男性の名が記されている絹織物もある。

写真１－２　四川省成都で発見された前漢時代の織機

（出所）　筆者撮影。

ただ、漢代以降、「男耕女織」などという言葉が度々登場するようになるのは、農民家庭から、絹織物を税として取り立てることが度々になったからで、漢代のシルクロードは、農民家庭の女性労働で成り立つようになってゆく。

そのような、衣料生産を女性労働のもの、とする見方は、唐代以降、四川と江南が高級品産地として著名になってゆくと、専門技術を持つ男性労働者も増加したと考えられる。ただ、一般庶民の衣料は、やはり家庭での生産が中心となった。が、絹を家族が使う余裕のある家は多くなく、麻は産地が限られ、庶民の衣料は乏しかったのだが、元代に木綿が入ってくると状況は変わった。綿花も家庭で生産でき、安価に売り出せる農家も増えて、栽培していない庶民も木綿糸を購入して家族の衣料を生産できるようになっていった。これを加速したのが、上記した黄道婆の工夫だったのである。効率的な用具の普及は、まさに庶民の女性の労働を助けたといえよう。

が、では、何故、黄道婆は、このような〈発明〉ができたのか。黄道婆の生い立ちについては、大きく分けて二説あり、上海付近で生まれた漢族である、とする説と、崖州（現在の海南島）の黎族出身である、という説である。

上述した『輟耕録』には、現在の福建省・広東省では既に木綿を栽培している、とも記されている。が、当時の中国での木綿使用は、初歩的技術段階にあったようだ。これに対して、黎族は、優れた技術を持ち、道具も備えていた。そこで、黄道婆の若年時について、貧しく育ち、「童養媳（幼児婚）」（金持ちの家に売られ、幼児期は使用人として働かされ、大人になったらその家の息子の妻になるという約束での結婚のこと）にされていた黄道婆は、その家から逃げ出して海南島に逃れ、そこで暮らすうち、黎族から木綿利用の技術を学んだので、帰郷した後に上海付近の人びとにこれを広めた、という漢族説も有力なのである。

彼女が漢族であれ黎族であれ、その技術開発が無ければ、明清時代の江南諸地域の産業発展、殊に衣料品生産は、なかったかもしれない。イギリスの織物に容易く追い込まれない、独自の衣料品生産を確立できてはいなかっただろう。

日本の近代史については、江戸時代の諸産業の発展があってこそ、明治維新以後の飛躍的発展がありえた、と見る考えもある。が、それは、衣料生産を始めとする諸産業が、一定程度、中国でマニュファクチュア段階に近い分業による諸生産を確立しており、そこで生まれた技術を輸入もしていた、という側面も見落とせまい。

それはさておき、中国において、今日でも一般の人びとに親しまれ尊敬されている一人に、このような女性がいる、ということも、皆さんが中国について考える時、気にしてみて戴きたい側面なのである。

【注】

（1）中国女性史という分野では、中国女性史研究会編『論集中国女性史』（吉川弘文館、一九九九年一〇月）など、既に専門家によって、多くの著作が発表されている。そのうち、本稿で言及したかった家事以外の女性労働について、優れた見解を提示しておられる名著として、柳田節子『宋代庶民の女性たち』(汲古書店、二〇〇三年三月)を、特に挙げておこう。

(2) 村上陽子「収穫から調理まで」(京都大学人文科学研究所「中国生活文化の思想史」班第四回研究会(二〇二三年七月八日)報告。

(3) 竹垣恵子「黄道婆とその時代の染織」(『大阪芸術大学紀要』二五、二〇〇二年一二月)。

(原　宗子)

第2章 西安の歴史文化と観光開発

1 西安の古都としての地位とその文化遺産

(1) 西安市の位置

西安市の名前には「西」字がついているが、この街は基本的に中国の真ん中に位置し、中国の地理的中心点は西安市の涇陽県にある。西安の古称は「長安」だが、長安とは、中国で最も重要な古代都城の一つであり、一一四〇年間に亘って一三の王朝の主都として栄えた。最も重要なのは周・秦・漢・唐の四つで、中国史上非常に重要な「〝第一統〟の王朝」である。中国の都市史は、「長安時代」と「北京時代」とに分けることができる。西安と北京とは中国の最も重要な国都であって、丁度日本の京都と東京のようなものといえよう。そこで、

BC	① 長安(鎬京 咸陽、大興)	② 洛陽	③ 鄴 (安陽)	④ 開封	⑤ 建康 (南京)	⑥ 臨安 (杭州)	⑦ 北京 (大都)
1000	(西周)						
		(東周)					
200	秦						
100	前漢						
	新莽						
AD		後漢					
200		(魏)					
300		晋					
	(前趙)	五胡十六	(後趙)		(東晋)		
	(前秦)	国時代	(冉魏)				
400	(後秦)	304～429	(前燕)				
					(宋)		
		(北魏)			(斉)		
500	西魏	(北魏)	(東魏)		(梁)		
	北周		(北斉)		(陳)		
600	隋	隋(東都)					
	唐	唐(東都)					
900				(後梁)			
		(後梁)		(後晋)			
		(後唐)		(後漢)			
				(後周)	(南唐)		
1000		北宋西京					
1100		金　中京		北宋		南宋	
1200							元
1400					明(国初)		明
1700							清
1900					中華民国		中華民国
1949							中華人民 共和国

図２－１　文字統一の例

(出所)　筆者作成。

西安にある遺跡のうち、秦始皇帝陵・華清宮・大雁塔・碑林・大明宮の五箇所が、西安市のＡＡＡＡＡ級旅游区（観光スポット）として、指定されている。

（２）周都―豊・鎬が中華文明に与えた影響―

周の都は、古く灃水のほとり・豊邑にあったが、武王が殷を滅ぼした後、対岸の鎬京に遷都した。この豊邑と鎬京の遺跡は、西安市長安区に存在する。

周の人びとは、農業を国の主産業としたので、民衆の衣食の需要問題を解決できた。経済形態から見れば、中国は「農業民族」だといえよう。周公は「礼」を制し「楽」を作り、中国社会の精神を規定しようと追求し続けた。それは後に儒家思想となってゆく。このため、西周の中国史に与えた影響は特に大きく、中華文明の基本的性格を基礎づけたといえよう。

（３）秦都・咸陽

秦の都は咸陽である。秦は多民族の中国を統一する中央集権帝国時代の創始者で、制度・文明の革新に貢献した。

特に、商鞅の変法や秦始皇帝の天下統一は、皇帝制と郡県制、文字の統一（例えば、図２

－2の「馬」の字）を推進した。

「秦の制度は、百代続く」と言われるように、後世に大きな影響を及ぼしたのである。

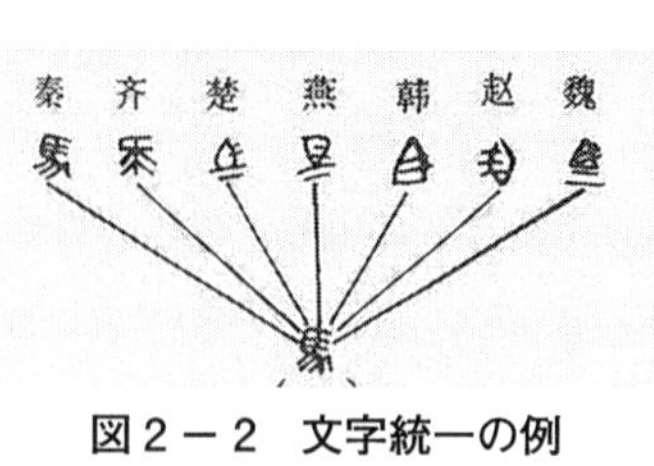

図2－2　文字統一の例

（出所）筆者撮影。

(4) 前漢・長安城

前漢の都は長安である。前漢は、漢民族（及び漢語や漢服）の形成期であり基本的に帝国の伝統的な境界をほぼ確立した。

文帝・景帝の統治で安定的社会を実現させ、第七代武帝の盛世に到達すると、物質・精神の両文明で、空前の発展を遂げたのである。

また、張騫が、シルクロードをいわば「がむしゃら」に切り開いた結果、世界の東西それぞれの地域で、文化交流が加速化することになった。

(5) 隋・唐の長安

隋・唐でも、都は長安であった。

隋唐時代は、「中華民族の形成」が実現した。「開皇盛世」から「貞観の治」を経て、「開元盛世」に至ると、中華の政治・経済・文化の三分野は、最盛期に到達したのである。

シルクロードの影響が全世界に及んだことで、長安城は「天下汗（遊牧諸部族が唐・太宗に奉った尊号。河汗は遊牧国家の王号）の都」と呼ばれ、東アジア文化圏の中心となった。辺境の少数民族や外国使節、留学生、商人たちが長安に集まった。隋唐の長安城は、当時比べるものの無い国際大都市となり、七～九世紀における世界文明の最高点となっていたのである。

以上を纏めると、

a　西安は、中国史の前半期で最も繁栄した都で、一〇〇〇年に及んだこと。

b　周秦漢唐、四つの最も重要な王朝が西安に都を置いたので、非常に多くの文化遺産が、西安に残ったこと。

c　これらが、西安観光の主要な「資源」であり、西安観光の基本的特徴ともなっていること。

すなわち、歴史文化的遺跡が西安観光の主であるといえるのである。

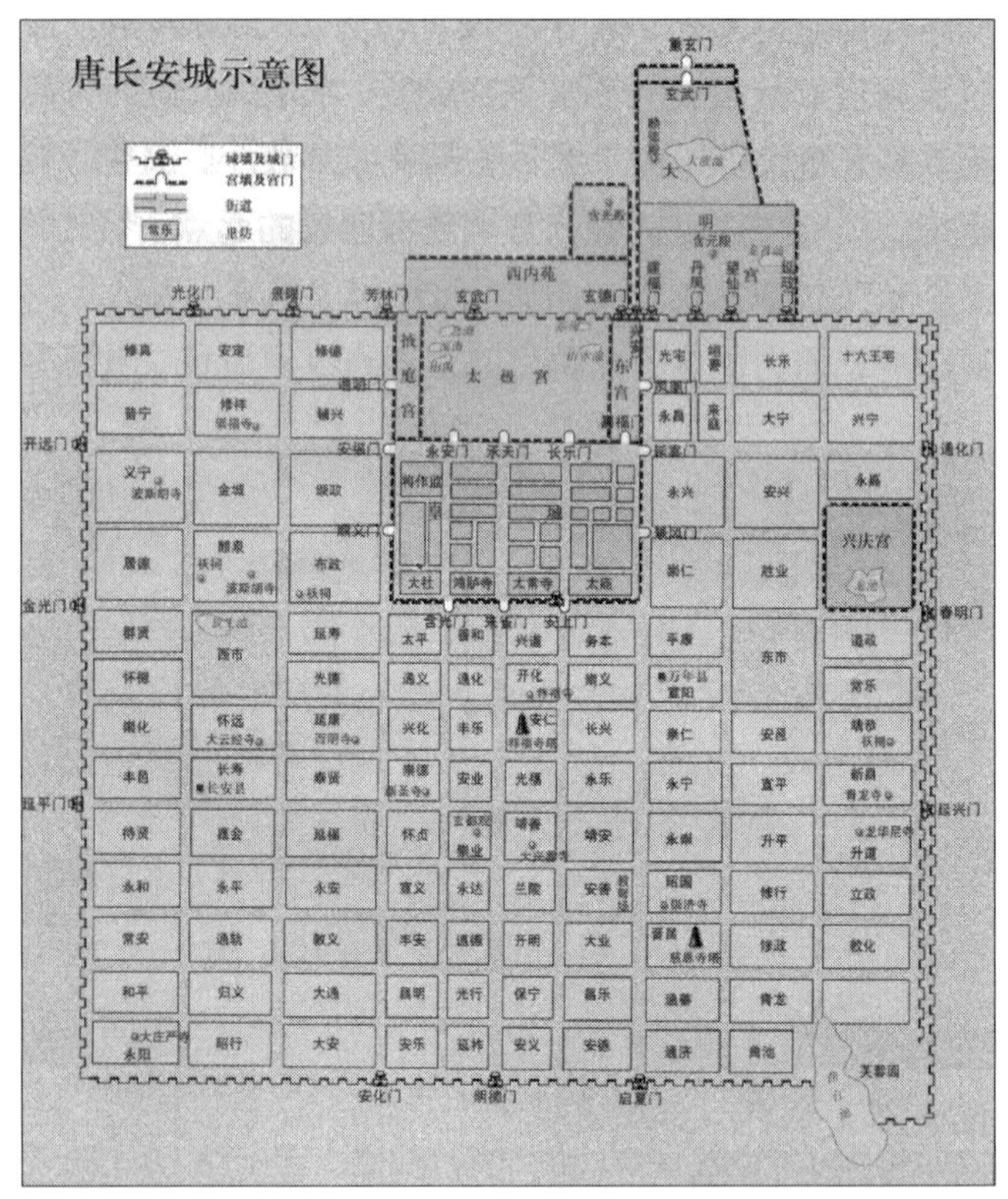

図２－３　長安城案内図

（出所）　筆者撮影。

写真２－１　阿倍仲麻呂の碑
（出所）　筆者撮影。

写真２－２　空海の碑
（出所）　筆者撮影。

２　秦始皇帝陵の考古的価値と観光開発

(1)　秦始皇帝陵の考古価値と観光開発

兵馬俑坑は秦始皇帝陵を構成する多くの坑墓のうち、最も重要な一連の陪葬坑で、その位置は、封土（墳丘。始皇帝の墓の上に盛り上げられた丘）の東側一・五キロメートルにある。

一九七四年に発見され、一九七九年にこの兵馬俑坑を覆って建設された博物館は、対外的にも開放されている。

但し、この時は第一段階の展示であったので、基本的には「招待参観」であって、まだ真の意味での「観光」とはなっていなかった。改革開放以降、観光が盛んになると、本当の意味で国内外の「観光名所」と

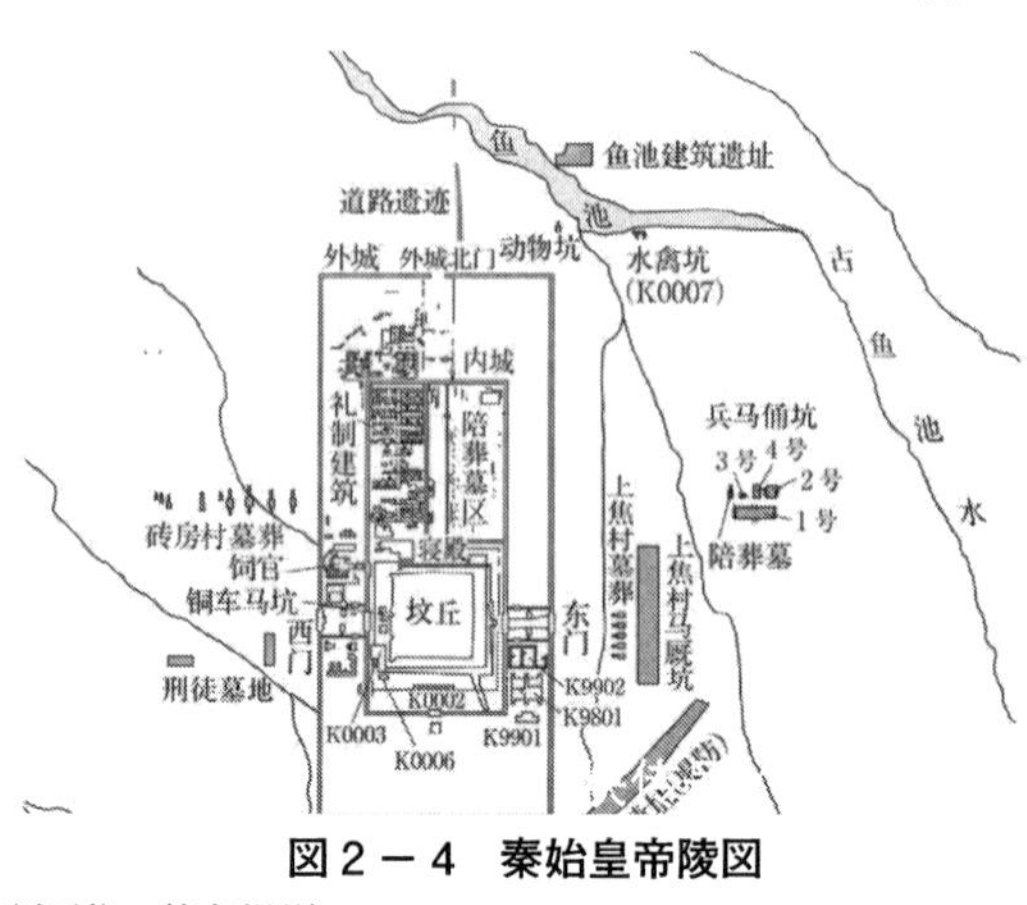

図2－4　秦始皇帝陵図

（出所）筆者撮影。

なったのである。

三か所の俑坑にある陶俑や陶馬は、陵園地下宮殿を守る防衛部隊を象徴していると考えられている。

(2) 兵馬俑一号坑

長方形の軍陣を形作り、長さ二一〇メートル、幅六二メートルである。

前面は三列に並び、列毎に六八体、計二〇四体の兵馬俑が前鋒（前衛）となっており、後面三列の兵俑は後向きで、これが「後衛」である。左右両側のもっとも外側の一列の武士俑は、すべて外側を向いており、これが「両翼」である。

中間の三八路縦隊の武士俑は、多くは歩兵で、若干の戦車もあるが、これが全軍の主力である。

写真２－３　兵馬俑一号坑

（出所）筆者撮影。

全坑合わせて計約六〇〇〇体の兵馬俑がある。

並び方には対称性がある。全部で一一の過洞があり、第六過洞を中軸線として、武士俑と車馬の列は、両側に対照的に展開している。一号坑全体を覆う「展示庁」が設けられ、観光客は、遺跡の周囲を回りながら、まさに発掘調査が行われている現場を、上から眺めることができる。

写真２－４　武士俑

（出所）　筆者撮影。

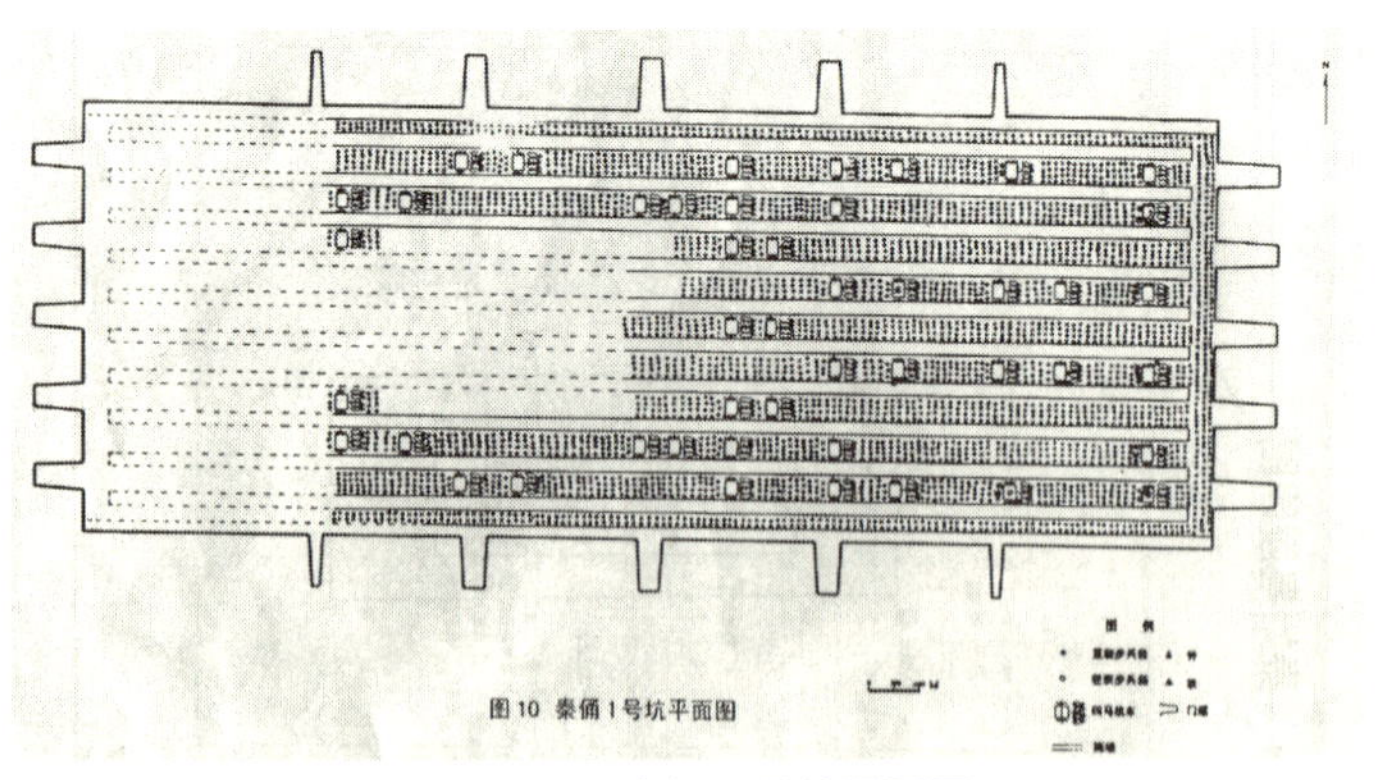

図２－５　秦俑１号坑平面図

（出所）　筆者撮影。

（3） 三号坑と兵馬俑の芸術的価値

この三号坑は、いわば「司令部」で、中間に一つの指令車がある。ただし司令官はいない。左の部屋には祭祀用の鹿の角が残されており、ここは戦争の前に祭祀と占いをする場所だったのだろう。右の部屋は将軍が会議をする場所である。

全部で六八人の武士がおり、これは司令部の護衛（と「儀仗隊」）である。

写真(右) 2－5 馬を連れた兵士
写真(左) 2－6 髷を結い、甲冑を身に着けた武官
(出所) 筆者撮影。

兵馬俑の芸術的価値について触れれば、写実主義が取られ、兵馬俑の身長は平均一・八〇メートル、顔はそれぞれ異なる。陶馬は高さ一・七メートル、体長二・〇三メートル、体格よく、実在の人と馬をモデルにしている。

秦俑で一番よくできている部分は頭部なので、参観する時には注目してほしい。顔には色がつけられ、唇には紅がぬられ、瞳はかがやき、髪形はそれぞれ違う。皆生きている武士のように見える。

出土した兵器は四万件以上、青銅長剣の中には今なお光り輝いて見えるものもあり、中国青銅技術の高度な発展を見ることができる。

写真2－7　秦始皇陵
（出所）　筆者撮影。

(4) 秦始皇帝陵遺跡公園（二〇一〇年）

兵馬俑と秦始皇帝陵を合わせて、保護・考古・展示することで、観光開発は新たな発展を遂げた。

甲冑坑・文官俑坑・百戯俑坑・銅車馬坑は、それぞれの発掘場所で展示されると、従来の一号坑博物館でまとめて展示した表現に比べ、全体の構成を見て取ることが可能になり、発掘の状況も判り易くなった。

このように、単なる「物見遊山」ではなく、研究観光・科学研究や実地考古が人気となってきている。

3　華清宮の文化価値と観光産品

華清宮旅游文化発展有限公司が、華清池開発の主体であり、秦始皇帝陵遺跡公園や兵馬俑坑博物館とは性質が異なる。ここは、旅行会社が運営しており、観光商品の開発が多い。

華清宮は、山水庭園・文化遺跡・登山・入浴・演劇が一体的総合性をもって発展した観光名所で、国内の数ある文物観光スポットの中でもユニークな存在である。

二〇一六年の総合収入は五億を超え、来場者数は三八五万人に達した。

(1)　唐華清宮

驪山と温泉という、山水資源の完璧な組み合わせは、温泉の都・華清池の文化発展と繁栄のための自然基盤である。

唐の玄宗（李隆基）は、温泉を軸に、宮殿楼閣を建設した。二閣・四門・四楼・五湯・十殿と百官役所・公卿府を供え、さらに温泉を宮殿内に設け、「華清宮」とした。

(2) 二大国家級文化遺産と二つの演劇

一九八二年から考古の専門家たちが紹介している唐玄宗の専用・蓮華湯や、楊貴妃の専用・海棠湯などは、国家級文化遺産となった。

写真２－８　玄宗専用の蓮花の湯
（出所）　筆者撮影。

写真２－９　楊貴妃専用の海棠の湯
（出所）　筆者撮影。

写真２－10　演奏
（出所）　筆者撮影。

写真２－11　踊り
（出所）　筆者撮影。

この他、発見された唐代壁画は非常に多く、様々な陵墓などから当時の風俗などを推定できる多種の壁画が発見されている。

(3)　華清宮での公演

二〇〇六年、陝西旅游集団公司は、白居易の「長恨歌」をもとに、李隆基（唐の玄宗）と楊貴妃の恋愛物語を上演した。その大規模な実写公演は、中国屈指のものとなった。

4 大雁塔・碑林と大明宮観光の特色

(1) 碑林博物館と城壁

碑林の性質は秦始皇帝陵と同じで、文物局が管轄し、観光は副業である。

(2) 西安城壁南門・永寧門

西安の城壁は、完全に保存されている古代城壁の中で世界最大のものだという。現存している西安の城壁は、明の洪武年間（一三七〇年～一三七八年）に、唐代の長安城をベースにレンガを積み重ねて築かれたもので、周囲一三・九一二メートル、高さ一二メートル、底の幅一八メートル、頂部の広さ一五メートルある巨大なものである。特に、高さよりも厚みの方があることに、当時の防衛の拠点としての城づくりの考え方が伺える。

殊に、董卓が洛陽から長安に遷都したことにより、長安の街はさらに拡大し、現在の世界最大の古代城壁が生まれてきた。

城壁をくりぬいてできている永寧門は、高さより厚みがあり、トンネルのように長い門である。

(3) 慈恩寺の建物群

著名な仏教寺院、慈恩寺には、ライトアップされてよく見える大雁塔もあるが、皆さんが馴染みを感じるのは、玄三蔵院かもしれない。

玄三蔵院は大慈恩寺の景勝地で、大雁塔の後ろにあり、唐を模した複合建築物で、『西遊記』をご存知なら、その主人公・孫悟空の師、とされている玄奘三蔵の名に記憶のある人も多いかと思う。玄大師の経験を描いたレリーフ、玄の輝かしい生涯を二つの段階と三つの異なるレベルに分けて世界に展示し、堂の真ん中に青銅で鋳造された玄奘の像が安置されている。

(4) 大明宮考古遺跡公園

大明宮は、太宗が父の高祖のため六三四年に建設を始めた。六六〇年に武皇后(のちの武則天)は王宮建築家の閻立本に大明宮の設計を命じた。が、その後高宗が大規模に増築して六六三年に太極宮からここへ朝政を移し、以降九〇四年まで二四〇余年にわたり一七人の皇帝が起居し政務を執って唐朝の政治中枢となった場所である。一九五七年から遺跡の発掘が始まり、現在その跡地は大明宮国家遺跡公園として一般に開放されている。

玄宗は七一四年に太極宮から大明宮へ移居したが、七二八年以降は南の興慶宮に常居した。大明宮が唐王朝の政治中枢という役割を担ったのは、安史の乱により荒廃した長安を七五七年に粛宗が復興させて以降である。

第三代皇帝高宗、皇后の武則天（則天武后）と娘の太平公主は、この宮殿に住んでいた。現在、宮殿跡の公園は無料ゾーンと有料ゾーンの二つに分かれていて、有料ゾーンは、含元殿跡や宣政殿跡など、遺跡を見学できるメインエリア、そして大明宮遺跡博物館で構成されている。

なお、一九三六年、国民党の指導者・蔣介石を、軍閥の張学良らが西安で監禁し、共産党と協力して日本と戦うことを要求した事件が発生した。これを「西安事件」と呼ぶ。内戦停止と抗日戦線結成の契機となった出来事である。この「西安事件」のとき、蔣介石が二度宿泊した「五間庁」も、国家級文化遺産である。二〇一六年、陝西旅游集団は、西安事件の歴史を再現した「一二・一二西安事件」を上演した。これは屋内公演である。

おわりに

冒頭にも述べたように、西安市ＡＡＡＡＡ級旅游景区は

ａ　秦始皇帝陵博物院
ｂ　陝西華清宮文化旅游景区
ｃ　西安大雁塔・大唐芙蓉園景区
ｄ　西安市碑林・城壁歴史文化景区
ｅ　大明宮国家遺跡公園

の五区である。

以上の名称から見てとれるように、西安市の旅游景区（観光スポット）には、二タイプがある。一つは、遺跡保護と博物館の兵馬俑タイプ、もう一つは旅行会社が開発した華清宮タイプである。といっても、ｃの場合、兵馬俑タイプの大雁塔と、「新築された」つまり当然「華清宮」タイプである大唐芙蓉園とがセットになっていて、その中間点に、唐建築模造群の中を散歩できる歩行者天国、つまり「夜間観光経済」である「大唐不夜城」（ＮＥＴで大人気の由）まで含むとのことである。

他方、ｄの場合、碑林の性質は、秦始皇帝陵と同様、文物局が管轄していて、「観光」は、あくまで「副業である」と位置付けられているようだ。

「景区」という概念は、日本人には、理解しづらいかもしれない。

ただし、西安市当局は、市の観光スローガンとして、「千年古都　長安に何度も来てください！」と呼びかけている。

皆さんも、中国を訪問する機会があれば、様々な中国の歴史を感じ得る見学地の一つとして、西安を考えてみては如何だろう。

（李　令福）

第3章 モノとウタで心を表すアジアの歌垣

はじめに

二月一四日のバレンタインデーは、知らない人はさすがにいないだろうというくらい、日本では有名な年中行事になった。そもそもバレンタインデーは、二月一四日、聖ヴァレンティヌスに由来する記念日であるとされており、欧米を中心に世界各地で男女が贈り物をしあう日となっている。ヨーロッパでは、男女がそれぞれ花・菓子・カードなどを恋人や親しい人に贈る行事である。

日本では、来日した外国人によって行われてはいたが、一般にひろまったのは、昭和五〇年代（一九七〇年頃）以降であり、製菓会社の宣伝によって、女性が男性にチョコレートを贈り、愛の告白をする日として、日本独自のバレンタインデーの習慣がつくられたのだという。

日本独特のバレンタインデーは、なぜ女性が男性にチョコレートというモノを贈って愛の告白をするという形をとることになったのだろうか。本論では、モノに託して心を表現するという方法を手掛かりにして、モノやウタという型によって心を表すアジアの歌垣(うたがき)文化を考察してみたい。

1 能登半島のオショウヤ踊りと古代日本の歌垣

日本では、モノを贈ることによって男女が愛情を表現する祭がかなり古くから行われていた。一九五五年の記録によると、能登(のと)半島の北部に位置する石川県鳳至(ふげし)郡柳田村(現在の鳳(ほう)珠(す)郡能登町)では、田植えが終わった頃の、満月の夜にオショウヤ踊りという祭りが行われていた。この祭で若者は娘を誘うのが一つの目的とされ、また踊りに行く娘は袋に「イリゴメ」(煎った米)を持参して好きな男に与えた。イリゴメを貰った男は持参した手拭を娘に与え、合意のしるしとしたという。バレンタインデーが、女性がチョコレートというモノに愛情を託して男性に贈るという独特の祭になったおもとには、こういう祭の習俗があったのだろう。

こういう祭の起源はたいそう古く、日本では八世紀にまで遡ることができる。『常陸国風土記』には、現在の茨城県の筑波山で歌垣という行事が行われていたという記事がある。歌垣という行事は、春・秋など一定の日時を定めて、かなり広い範囲の村々の老若男女が集まり、虚構の恋歌を歌い交わす祭である。なかには、虚構の恋歌を歌い交わす中で実際の結婚相手を探すこともあった。以下、現代語訳をあげておこう。

筑波山は、高く雲に届くほど秀で、頂の西の峰は険しく高く、雄の神と言って登らせない。ただ、東の峰は四方が盤石であり、登り降りは険しく高くそびえているが、その側に泉が流れ冬も夏も絶えることがない。坂より東の諸国の男女は、春の花の開くとき、秋の葉が色づく折、連れだって、食べ物を持ち寄って、馬に乗ったり歩いたりして登り、楽しく遊ぶ。その歌に曰く、

筑波嶺に　逢はむと　言ひし子は　誰が言聞けば　神嶺　逢はずけむ

〔筑波嶺で逢おうと言った子は、誰の言うことを聞いたから神の嶺で逢ってくれなかったのだろうか〕

筑波嶺に　廬りて　妻なしに　我が寝む夜ろは　早やも　明けぬかも

〈筑波嶺に廬をつくって妻もなく一人寝する夜は早く明けてしまってくれないかなあ〉

歌われる歌がとても多いのですべてを載せることはできない。土地の諺にいうことには、筑波峯の会で、娉の財（求婚の贈り物）を得られないと、一人前の男女とは認めないという。

「筑波峯の会」というのが、筑波山の歌垣の名称である。そこに集まったのは「坂より東の諸国の男女」である。「坂より東の諸国」とは、足柄峠（静岡と神奈川の県境）より東の諸国という意味である。かなり広範囲にわたる地域の老若男女が、数十キロの距離を、馬や徒歩でやってきて、歌を歌い合って結婚相手を見つけるという、大掛かりな祭である。

彼らは筑波山に登り楽しく遊ぶが、その時に歌を歌っている。筑波山で逢おうと約束した女に振られた男の嘆きの歌二首といったようにも見えるが、これは相手を誘う歌でもある。歌垣の場でまだ相手がいない時、自分はまだ独り者だと歌うことによって、相手を誘うのである。筑波山の歌垣ではそういう恋歌が盛んに歌われていたのだという。

そしてこの地方には、「筑波峯の会で娉の財を得られないと、一人前の男女とは認めない」という諺があった。「娉の財」とは、結婚を誓い合った証の品という意味だが、それが具体的にどんなモノであったのかはわからない。前述の能登半島のオショウヤ踊りでは、イリゴメと手ぬぐいであった。

このように、八世紀の筑波山には恋歌を歌い合い、モノに託して愛情を告白する歌垣という祭があった。歌やモノによって愛情を表現する祭は途絶えることなく、イリゴメや手ぬぐいを贈り合うオショウヤ踊りを経て、現代のチョコレートを贈るバレンタインデーという祭に引き継がれているということだろう。私たち日本人は古くから歌やモノによって気持ちを表現してきたのであった。

2　中国少数民族ミャオ族の歌垣「姉妹飯節」

ところで、モノに託して愛情を告白するという歌垣は、日本に限るわけではなく、中国西南部に暮らす多くの少数民族の人々の間でも、二〇〇〇年代初めまでは盛んに行われていた。

一九七〇年代に中尾佐助らが提唱した照葉樹林文化論は、東南アジア山岳地帯や中国雲南・貴州を中心として、西はベトナム北部、ブータン、ネパール、チベット、インド・アッサム地方へ、東は長江南側の山地を経て日本へ至る照葉樹林地帯に多くの文化的共通性があり、

56

その一つに歌垣があることを明らかにしている。

照葉樹林文化帯の中心地、中国西南部に位置する貴州省には、ミャオ族という少数民族の人々が暮らしており、旧暦の三月一五日に「姉妹飯節（しまいはんせつ）」という歌垣を行っている。今はかなり観光化が進んでいるが、古い歴史をもつ祭である。「姉妹」とは「若い女性」のこと、「飯」は赤・黒・黄色など、色とりどりに染められた、もち米のことである。娘たちは祭の始まる数日前からこの姉妹飯を準備する。この祭では姉妹飯と一緒に、さまざまなモノをつけて、男性に愛の告白をする。ここまでくると、日本のバレンタインのおおもとというのは、製菓会社の策略というだけではなく、古くから続く日本の文化であるとともに、中国西南部の山岳地域に暮らす人々の文化でもあるということが見えてくる。

この姉妹飯節で男女は恋歌を歌い合い、男性は気に入った女性を探し、もち米で作った姉妹飯をもらいに行く。女性は、男性に渡す姉妹飯と共に包むものによって、自らの愛情を伝えるのだが、その方法は八通りある。

一つ目は姉妹飯と一緒に、松葉が包んである場合である。この地のミャオ族の人々は、結婚の時、女性は自ら刺繍した服を夫に贈るのだが、松葉はその刺繍をするための刺繍針を象徴しており、「嫁入りの際に使う刺繍針を送って欲しい」と気持ちを表わす。

二つ目は、姉妹飯の入った籠に、十字に結んだ竹が掛けられている場合である。嫁入りの際、新婦は傘で顔を隠す習俗があり、十字に結んだ竹は、その傘を掛けるのに使うのだという。「嫁入りの際に使う傘を送って欲しい」という気持ちを表わす。

三つ目は、姉妹飯とともに香椿芽（椿）の芽が置かれている場合。ミャオ族の言葉で、香椿芽は「ウォヤ」と発音されるが、「ウォヤ」には「娶る」という意味もある。つまり掛詞になっていて、「近いうちに娶りに来てください」という気持ちを表わす。

四つ目は、姉妹飯とともに綿花が置かれている場合。これも掛詞で、ミャオ族の言葉で綿花は「レン」と発音されるが、そこには「好き」という意味もあり、「あなたが好きです」という気持ちを表わす。

五つ目は、姉妹飯とともに芫荽菜（パクチー）が置かれている場合。ミャオ族の言葉でパクチーは「ウォヤシ」と発音されるので、三つ目と同じように「娶る」と掛詞にして、「近いうちに娶りに来てください」という気持ちを表わす。

六つ目は、姉妹飯とともに綿花とパクチーが置かれている場合で、これは四つ目と五つ目を合わせて「大好きだからすぐに娶りに来てください」という気持ちを表わす。最強の組み合わせである。

七つ目は姉妹飯の籠に、生きた鴨が掛けられている場合で、これは「子豚を贈ってください。それを育ててみなさんに食べてもらいましょう」、つまり「結婚式にみんなを招待しましょう」という気持ちを表わす。これもかなり積極的な意思表示である。

最後、八つ目は姉妹飯に唐辛子とニンニクが置かれている場合だが、これは「もう絶対に来ないで。絶交よ。」という気持ちを表わす（これはさすがにもらいたくない）。

それにしても、なぜモノで気持ちを表現するのだろうか。それは、人間の感情はほんとうはとても複雑で、そう簡単には表現できないからだ。複雑だからこそ、それを一定の型（パターン）に載せることによって表現しようとするのだと考えられる。

日本のバレンタインデーでは、チョコレートというモノによって愛の告白をしている。それは、アジア各地で行われてきた、あるいは現在も行われている歌垣という、結婚相手を探す祭を無意識的に継承している。歌垣では複雑な感情を、あるモノに託すことによって表現してきたのであった。

3　中国少数民族ペー族の歌垣「石宝山歌会」

歌垣で贈られるのはモノだけではない。筑波山の歌垣では男の誘い歌が二首記録されていた。また、中国西南地方に暮らす少数民族の人々の、姉妹飯節を始めとする歌垣でも盛んに歌が歌われている。モノに託して感情を表現するのは、複雑な感情を一定の型に載せるということだと述べたが、それはウタも同じである。

中国の貴州省にくらすミャオ族やトン族、その西隣に位置する雲南省に暮らすペー族やリス族の人々は、二〇〇〇年代初めころまで盛んに歌垣を行っていた。彼らは自分の民族の言葉を書き記すための文字を持っていないが、歌は次から次へと歌われていく。私は彼らの歌垣に何度も足を運び、そこで歌われる歌をビデオで撮影し、日本語に翻訳してきた。

ここからは、ペー族の人々の歌垣を紹介していこう。石宝山（せきほうざん）という山の中のお寺では、観音様を祀っているが、そこに旧暦の七月二七日から二九日にかけて数万人のペー族の老若男女が集い、虚構の恋歌を歌い合う歌垣が行われている。恋歌を歌い合うなかで知り合い、結婚まで至る男女もいる。

彼らの恋歌の贈答は二、三時間続くのが普通だが、中には六時間も続いた贈答もあった。かつては夜通しで二日、三日行われることもあったという。簡単に何時間も歌を歌っているように見えるが、歌を歌い合うにはさまざまな規則がある。

例えば、日本の歌は五七五七七の三一音からなるが、彼らの歌は七七七五の二六音を四回繰り返し、しかも第一句と偶数句末で同じ脚韻を踏みながら、当然内容を盛り込んでいくのであり、かなり高度な技術が必要である。

彼らはよく、「メロディーに載せることで言い表せない心が表現される」という。少し、彼らの歌垣での歌を見ておこう。

①女　私が話します、兄のあなたは聞いてください。愛し合う言葉はなかなか言えません。今は知り合いになったばかりです。ほかの話は暫く止めましょう。あなたは（私のことが）好きで、私も（あなたのことが）好きです。妹の私もとても喜んでいます。ゆっくり話し合えば心が通い合って、同じ家族の人になれます。

②男　あなたはとても喜んでいると、あなたは言いました。私は後ろから随いて行きます。あなたと私はよく似ています。歌を愛し、友を愛します。歌えば歌うほど心地よくなります。良いカップルになります。

③女　兄（あなた）に会わないと心が乱れます。兄（あなた）に会わないと、まるで飢餓状態のようです。私を本当に思っているなら、どうか来てください。自分の口で私に言っ

てください。ただ心配なのは、口では甘い言葉を言いながら、あなたの妻がそちらに隠れていることです。

④男　私は話します、妹（あなた）は聞いてください。私はまだ若いので縁談を持ち掛けられません。年齢の大小にかかわらず、私も結婚しなければなりません。私には、もう妻がいるとあなたは言いました。妹のあなたは私をからかっています。私には言う言葉がありません。

⑤女　縁談を申し込むと、私の兄（あなた）は言いました。妹の私も心を打ち明けます。私にもう夫がいる、とあなたは言いました。妹の私は腹が立ちます。ほかの人が陰口でなんと言おうと、（私は）ほかの風説は聞きません。明日私は家に帰ります。（デマを）言ってもむだです。

①②で男女は互いに歌の掛け合いに誘い、③前半部で女はいきなりハイテンションで相手への愛情を告げる。ところがその後半部では、あなたには妻がいるのではないかという疑いが突然出される。言われた男はそれを切り返していかねばならない。④で男は「妹のあなたは私をからかっています。私には言う言葉がありません」としょげてみせる。これに対して

⑤で女は、あたかも男が「私にもう夫がいる」と言ったと解して、「ほかの人が陰口でなんと言おうと、（私は）ほかの風説は聞きません」と怒ったそぶりをする。

人妻か否かを疑い、切り返すのは、その切り返しの応酬の中に、相手や自分の心を見ようとしているからだ。結婚相手を見つけるという心は複雑だ。期待や不安が入り混じっており、とても一言では表現できない。彼らは、人妻か否かという歌の型に則って、その切り返しを何度も繰り返すなかで、そこににじみ出てしまう心の揺れや誠意を見つめる。それを聞いている周りの人々もまた、歌の掛け合いを楽しむと同時に、歌い手の人間性を確かめようとしているのである。

4　『万葉集』と歌の型

人妻か否かをめぐるという歌の型に則って、相手や自分の心を見つめる表現は、八世紀に成立した『万葉集』にも残っている。

①女　人妻（ひとづま）に言（い）ふは誰（た）が言（こと）さ衣（ごろも）のこの紐（ひも）解（と）けと言ふは誰（た）が言（巻十二・二八六六）

〔人妻の私に言いかけるのは誰の言葉なの。さ衣の、この紐を解けと言いかけるのは誰の

言葉なの〕

②男　神樹にも手を触るとふをうつたへに人妻と言へば触れぬものかも（巻四・五一七）

〔触れると罰が当たるという神木にさえ手を触れるというのに。人妻というだけでまったく触れてはいけないものなのだろうか〕

③男　人妻と何かそを言はむ然らばか隣の衣を借りて着なはも（巻十四・三四七二）

〔人妻だなんてなんでそんなことを言うのだ。それなら隣の人の衣を借りて着ないのか、着ることだってあるじゃないか〕

④男　息の緒にわが息づきし妹すらを人妻なりと聞けば悲しも（巻十二・三一一五）

〔私の命と思って嘆きつつ恋をしたあなたまでが人妻だと聞くと、もう悲しくてならない〕

⑤女　わが故にいたくな侘びそ後遂に逢はじといひしこともあらなくに（三一一六）

〔私のためにひどく嘆かないで。後々、絶対一緒にならないなんていったわけではないのに〕

①で女は、「私は人妻よ」と男を拒絶する。これに対し、男は、「神木にだって手を触れる

ことがあるじゃないか」（②）とか、隣の人に服を借りることだってあるじゃないか（③）と強気に切り返している。かと思えば、④の男は下手に出て「あなたが人妻だなんて悲しいよ」と嘆く。下手に出られると女は「ずっと一緒にならないというわけでもないんだからさ」（⑤）と、男の求愛を受け入れるそぶりを見せる。

こういう人妻か否かをめぐる歌の型は、有名な次の問答にも生き続けている。

⑥女　あかねさす紫野行き標野行き野守は見ずや君が袖振る（巻一・二〇・額田王）

〔茜色が指す紫野を（私たちは）行き、標野を（私たちは）行き、野の番人が見咎めるではありませんか、あなたがそんなに袖を振ったら〕

⑦男　紫草のにほへる妹を憎くあらば人妻ゆゑに我恋ひめやも（二一・大海人皇子）

〔紫は美しい。そのように美しい妹がもし憎いのだったら、人妻とわかっていてこんなに恋することがどうしてあるだろうか〕

この贈答は、六六八年五月五日、天智天皇が皇太子大海人皇子以下、たくさんの臣下とともに琵琶湖東岸の蒲生野で薬草や鹿の若角を狩りした後の宴で、額田王と大海人皇子が歌い合ったものである。

額田王はその場に集う女性たちを代表して、男性たちに「あなたがそんなに袖を振ったら、野の番人に気づかれてしまうわよ」と、人妻か否かをめぐる歌の型に乗りつつ、呼びかける。これに応じて、男性たちを代表して大海人皇子は、相手が人妻であることを逆手にとって「人妻だと知っていて恋してしまうほど、あなたは美しいのですよ」と切り返している。

この贈答による笑いによって、君主と臣下が仲良く宴に興じるという理想的な天智天皇の御代(みよ)を寿(ことほ)いでいるのである。

このように、『万葉集』にも人妻か否かをめぐる歌の型に載せて、自分の感情を表現する方法は息づいていた。

おわりに

誰かと知り合い、結婚の意志を固めていく心は、期待や不安が複雑に入り混じった複雑なものである。歌垣において彼らは、その心の一部を、姉妹飯に付けるモノによって表現し、また、人妻か否かという歌の型に載せて何度も繰り返す中で、言葉ではうまく表現できない人間性を表現し、見つめているのであった。

歌垣はかつて日本でも盛んに行われていたが、そこでも感情はモノに託されたり、ウタに託されたりして表現されていたのだろう。『万葉集』はそういう歌の型を継承してもいた。

モノやウタという型に載せることで、複雑な感情を表現するという方法は、東アジアでは今に至るまで生き続けている。今は個性を大事にする時代だ。だが、個性を大事にするあまり、自分の感情は自分独自の表現でなければ表現できないと思い込むのは危険である。そういう考え方は、ともすれば自分を個性的表現に縛りつけ、何も表現できない状態に自らを追い込むことになってしまう。個性が大事な時代だからこそ、もう一度、型の持つ力に目を向ける必要がある。

【参考文献】


平山敏次郎（一九五五）「民間習俗と婚姻前後」九学会連合能登調査委員会編『能登』平凡社。

上山春平編（一九六九）『照葉樹林文化論―日本文化の深層―』中公新書。

工藤隆（二〇〇六）『雲南省ペー族歌垣と日本古代文学』勉誠出版年。

福田アジオほか（二〇一二）『知っておきたい　日本の年中行事事典』吉川弘文館。

岡部隆志（二〇一八）『アジア「歌垣」論』三弥井書店。

遠藤耕太郎（二〇二〇）『万葉集の起源―東アジアに息づく抒情の系譜―』中公新書。

（遠藤　耕太郎）

第4章 中国少数民族の歴史と文化

1 少数民族の人口

中国の少数民族は今五五認定されており、国務院第七回国勢調査(二〇二〇年一一月一日零時)により、各少数民族の人口は延べ一億二五四七万人で、総人口の八・八九%を占め、一〇年前の第六回国勢調査に比べて、一〇・二六%伸びているという(1)。

それらの少数民族は漢・チベット語系、アルタイ語系、南島語系、南アジア語系、インド・ヨーロッパ語系に分けられている。

漢・チベット語系の民族はチベット・ビルマ語族と苗瑶語族と壮侗語族に分けられている。チベット・ビルマ語族には藏(チベット)族(七〇六万七三一一人)、門巴(メンパ)族(一万一一四三人)、珞巴(ローバ)族

(四二三七人)、羌族(三二万二九八一人)、普米族(四万五〇一二人)、独龍族(七三一〇人)、景頗族(一六万四七一人)、彝族(九八三万三二七人)、傈僳族(七六万二九九六人)、哈尼族(一七三万三一六六人)、拉祜族(四九万九一六七人)、白族(二〇九万一五四三人)、納西族(三二万三七六七人)、基諾族(二万六〇二五人)、土家族(九五八万七七三二人)、阿昌族(四万三七七五人)、怒族(三万六五七五人)がいる。苗瑶語族には苗族(一一〇六万七九二九人)、瑶族(三三〇万九三四一人)、畲族(七四万六三八五人))がいる。壮侗語族には壮族(一九五六万八五四六人)、布衣族(三五七万六七五二人)、傣族(一三二万九九八五人)、侗族(三四九万五九九三人)、水族(四九万五九二八人)、仫佬族(二一七万二三三人)、毛南族(一二万四〇九二人)、黎族(一六〇万二一〇四人)、仡佬族(六七万七五二一人)がいる。

アルタイ語系の民族は蒙古語族と突厥語族と満・ツングース語族に分けられている。蒙古語族には蒙古族(六二九万二〇四人)、達斡爾族(一三万二二九九人)、東郷族(七七万四九四七人)、裕固族(一部は突厥語族で、延べ一万四七〇六人)、土族(二八万一九二八人)、保安族(二万四四三四人)、朝鮮族(一七〇万二四七九人)がいる。突厥語族には維吾爾族(一一七七万四五三八人)、哈薩克族(一五六万二五一八人)、柯爾克孜族(二〇万四四〇二人)、烏茲別克族(一万二七四二人)、塔塔爾族(三五四四人)、撒拉族(一六万五一五九人)がいる。満・ツングース語族には満州族（一〇四二万三三〇三人）、錫伯族（一九万一九一一人）、赫哲族（五三七三人）、鄂温克族（三万四六一七人）、鄂倫春族（九一六八人）がいる。

南島語系の民族は高山族（中国大陸では三四七九人）だけである。

南アジア語系の民族はモンクメール語族の佤族（四三万九七七七人）と徳昂族（二万二三五四人）と布朗族（一二万七三四五人）がいる。

インド・ヨーロッパ語系の民族は俄羅斯族（一万六一三六人）と塔吉克族（五万八九九六人）がいる。

ほかにペルシア・アラビア語系の回族（一一三七万七九一四人）、語系未定の京族（三万三一一二人）がいる。また、民族未定の人は八三万六四八八人いるという[1]。

中国少数民族の命名にはかなり長い時間がかかり、一九四九年中華人民共和国が成立してから一九五四年までは三八、一九五四年から一九六四年までは更に一五認定された。一九六五年には珞巴族、一九七九年には基諾族がそれぞれ認定された。また、一九八五年には崩龍族が徳昂族に、一九八六年には毛難族が毛南族に改名された。その他、克木人や白馬藏人など民族未定の「××人」がまだいくつか存在する。

2　東夷・南蛮・西戎・北狄

現在の民族は歴史上では違う民族名であったり、ほかの民族と融合したりして、かなり複雑である。秦（紀元前二二一年～前二〇七年）の前に、漢族は有巣氏、燧人氏、伏羲氏、神農氏（炎帝）、軒轅氏（黄帝）を生み出し、尭、舜、禹、夏、商、西周、春秋、戦国時代を経て、甲骨文や青銅器や諸子百家の著書を代表とする文明を創った。漢族の周辺には東夷、南蛮、西戎、北狄という少数民族が住んでいた。周代の『礼記・王制』（参考文献三三三ページ）には「東方曰夷、被髪文身、有不火食者矣。南方曰蛮、雕題交趾、有不火食者矣。西方曰戎、被髪衣皮、有不粒食者矣。北方曰狄、衣羽毛穴居、有不粒食者矣。(2)」とある。ここに中原を中心にして、漢族の東西南北に住んだ異民族の夷・蛮・戎・狄の衣食住の特徴が書いてある。それは中国の文献では最初に民族的なことを記録したものである。ここの「東夷」とは山東省の北東にある民族で、秦・漢以降は中国の東北部及び朝鮮半島と日本と琉球の民族を指した。南蛮とは長江流域以南の民族、西戎とは寧夏の六盤山の西の民族、北狄とは陝西の北部と山西の中部と河北の北部の民族を指した。

以下、北方（東夷・西戎・北狄）と南方（南蛮）に分けてそれらの少数民族の歴史の流れと文化をまとめて述べる。

3　北方の少数民族

中原の漢族は中国北方の各少数民族を北狄と総称し、その狄とは火を使う遊牧民を意味する。秦・漢代には匈奴と東胡が狄とされ、「胡人」とも呼ばれていた。下に述べる匈奴、東胡、突厥は北狄、粛慎は東夷、西羌は西戎に帰属する民族である。

それらの民族は万里の長城と陰山を境にして、その南側は中原の農耕地域で、北側は遊牧地域である。その遊牧地域は更に東北と西域（漢代には玉門関と陽関との西、葱嶺の東を指す）とゴビ砂漠に分けられる。中国北方の少数民族は匈奴、東胡、突厥、粛慎、西羌という五つの部分からなる。

（1）ゴビ砂漠地域の少数民族

匈奴は戦国時代（紀元前四七六年～前二二一年）からの民族名で、漢代（紀元前二〇二年

～紀元二二〇年）に奴隷制帝国を創立した。その起源地は内蒙古陰山・漠南地域にあり、後に匈奴は内乱を起こし、北匈奴と南匈奴に分裂した。北匈奴はヨーロッパの匈人になり、南匈奴は次第に漢民族化した[3]（参考文献一～一七ページ）。つまり、北狄→匈奴→（前漢）北匈奴→ハンガリー人、南匈奴→漢族という流れである。

突厥は匈奴の別種で、その起源地はアルタイ山脈当たりにあり、五世紀には柔然（四世紀末～六世紀中葉）の製鉄奴隷であったが、五五二年に柔然に勝ち、突厥ハンという国を作った。五八三年に、東突厥・西突厥に分かれた。六三〇年、六五七年、東・西突厥はそれぞれ唐に亡国された。六八二年に東突厥は後突厥国を建国したが、七四五年回紇と唐に亡国された。突厥人は回鶻と唐に帰順した。つまり、柔然→突厥→ヨーロッパのアヴァール人、突厥→東突厥→漢族、西突厥→漢族、トルコ人という流れである。

回紇は鉄勒族（もとの丁零族）の支族で、突厥に支配されていた。突厥が唐に破られると、回紇は唐に帰順し、互いに通婚していた。唐太宗李世民は回紇の首領を瀚海都督府都督に任命した。七八八年、唐徳宗は回紇を回鶻に改名した。八四〇年、回鶻は黠嘎斯族（柯尔克孜族の祖先）に負けて、南へ遷移し、今の裕固族、維吾爾族になった。つまり、丁零（秦漢）→敕勒（南北朝）→回紇→回鶻→ウイグル族、裕固族という流れである。

蒙古族は東胡に由来し、東夷の民族に属し、黒竜江の中・上流地域に居住し、突厥に支配されていた。九世紀中葉以降西と南へ遷移していた。一二〇六年チンギスハンにより大蒙古国（のちの元：一二七一年～一三六八年）を建国し、亡国後蒙古草原に退いた。明の初めに蒙古族は韃靼（蒙古高原の東部で遊牧した蒙古族）と瓦剌（蒙古高原西部、阿尓泰山で遊牧した蒙古族）に分かれても、武力で明を威嚇した。明（一三六八年～一六四四年）は止む得ずに万里の長城を建て直し、遊牧区と農耕区を区切った。つまり、東胡→室韋→蒙古族という流れである。

(2) 東北の少数民族

今、中国東北地方には主に朝鮮族、満州族、達斡爾族、蒙古族、俄羅斯族、鄂温克族、鄂倫春族などの少数民族がいる。それらの民族は歴史の上では融合し合って、異名があった。『史記・夏本紀』（参考文献九ページ）により、中国東北部の少数民族は皮服を着た「鳥夷」だと記載されている。(4) つまり、夏代（紀元前二〇七〇年～前一六〇〇年）には、矢と弓を持って鳥類や獣を狩猟していた鳥夷はそこに住んでいた。

東北の少数民族は歴史には「東夷」として記載されていた。『後漢書』『三国志』『隋書』などの正史には倭国が東夷条に入れているので、広い意味では大和族をも東夷の民族の一つにされたようだ。西周（紀元前一〇四六年～前七七一年）には、東夷は主に斉国と魯国との民族を指した。そこの東夷は春秋戦国（紀元前七七〇年～前二二一年）に漢民族化された。後羿が日を射落とす神話や孔子・孟子の儒学で有名な所である。

商代（紀元前一六〇〇年～前一〇四六年）と周代（紀元前一〇四六年～前二五六年）になると、東夷は粛慎という民族名に変わった。漢代から晋代（二六六年～四二〇年）にかけては、粛慎は挹婁に改名し、『三国志』（参考文献六七九ページ）に「挹婁在夫余東北千余里、濱大海……古粛慎氏之国也」[5]とある。南北朝時代（四二〇年～五八九年）に、粛慎は勿吉という名で記載された。七一三年、粛慎の末裔である靺鞨は渤海国を建てた。靺鞨は松花江流域や黒龍江流域に居住した民族で、六九六年に契丹とともに唐に反乱、六九八年に靺鞨の首領大祚栄は震国を作り、七一三年、唐玄宗は大祚栄に渤海郡王を冊封し、震国を渤海に改名した。九二六年に、渤海国は契丹に負けて、亡国した。その遺民は、現地に居住したのは女真族に、契丹の中心地や遼東地域に遷移したのは蒙古族や漢族に、高麗に遷移したのは朝鮮族に、中原地域に遷移したのは漢族に融合された。まとめていえば、鳥夷（夏代）→粛慎（商代）→挹婁（漢代、晋）→勿吉（南北朝）→靺鞨（隋唐）→渤海国→高麗、契丹→女真→漢族、満州族、赫哲族、満州族、鄂倫春族、鄂温克族という流れである。

また、秦・漢の時代に、中国の東北部の松花江から朝鮮半島までの広い地域に、穢貊系の民族が住んでいて、扶余国（紀元前二世紀～四九四年）を建てたことがある。その末裔は東胡、粛慎系の民族に融合した。

また、匈奴の東に東胡が住んでいた。東胡は紀元前二〇六年に匈奴に敗れ、烏桓山に遷移したのは烏桓、鮮卑山に遷移したのは鮮卑と称され、いずれも匈奴に支配された。漢代に烏桓は南に遷移して、紀元二〇七年に烏桓は曹操の兵隊に敗れ、歴史から消えた。その末裔は漢と鮮卑に融合した。鮮卑は烏桓と違って、うまく発展した。紀元九一年に、漢が北匈奴を破ったことをきっかけに、鮮卑は蒙古草原を統一し、中原の漢族の政権と友好的に往来し、三八六年に北魏を建て、五三四年に北魏は東魏と西魏に分裂し、五五七年に北周は西魏に代わって建国した。五八一年北周の大将楊堅が隋（五八一年～六一八年）を建てた。鮮卑族は南下して建国しているうちに、漢民族化し、遊牧民から定住した農耕民になり、その末裔は漢族、チベット族、錫伯族、土族に融合した。つまり、東胡→烏桓→漢族、東胡→鮮卑→漢族、土族、錫伯族という流れである。

契丹は東胡系か匈奴系の民族か、定説はない。『新唐書』により、契丹族は唐代（六一八年

～九〇七年）に後突厥と回紇に支配され、九〇七年耶律阿保機が建国（国号：契丹、九四七年国号を遼に改称）した。一一二五年、遼国は金国によって亡国した。一一三二年、新疆に逃げた契丹族の耶律大石が西遼を建国したが、一二一八年チンギスハンの蒙古軍に滅ぼされた。西遼の契丹族は亡国後、回鶻や蒙古族や中央アジア人に融合された。

一方、遼に残った契丹族は積極的に蒙古軍に協力し、金国に復仇した。一二三四年金が元に亡国された後も、契丹族は蒙古軍とともに征討に出かけ、全国各地に住み、現地の民族に同化した。達斡爾族と雲南の「本人」は契丹族の末裔だと言われている。

唐が亡国した後、中原地域に五国（九〇七年～九六〇年、後梁、後唐、後晋、後漢、後周）が成立し、その周辺に前蜀、後蜀、南呉、南唐、呉越、閩国、南楚、南漢、南平、北漢という一〇の割拠政権（九〇二年～九七九年）が存在したという。この五代十国の時代から宋代（九六〇年～一二七九年）まで、中国では民族国家がいくつか建てられ、互いに戦いながら、民族同士が融合していた。九六〇年趙匡胤はクーデターにより、中央集権的な北宋（九六〇年～一一二七年）を建国し、契丹（遼国）と対立状態になった。北宋は遼国（九〇七年～一一二五年、契丹族）、西夏（一〇三八年～一二二七年、党項族）、金国（一一一五年～一二三四年、女真族）と戦い、一一二七年金国に滅ぼされた。南宋（一一二七年～一二七九年）は都を杭州にし、一二三四年に蒙古との連合軍で金を亡国させた。

女真族は明の初め、鴨緑江、図們江、黒龍江流域に居住し、一四〇九年に明が設立した奴児干都司に支配された。一四三四年に明宣宗は兵隊を奴児干都司から遼東都司に設置し、奴児干都司の管轄地域では「羈縻衛所」（辺境地域の首領に世襲的に支配させる制度）の政策を実施した。一六一六年に清太祖努尔哈赤（ヌルハチ）（女真族の首領）は大金（＝後金）を建国し、一六三五年に清太宗皇太極は女真族を満州族に改称し、翌年国号を大清（一六三六年～一九一二年）にした。清は蒙古、新疆、チベットを支配し、統一した多民族国家が形成された。

上述したように、民族国家同士が戦争しているうちに、敗戦国の民族は遷移させられたり、異民族に融合したりしていた。例えば、元が中国を統一した後、蒙古人は支配人として中原や江南に遷移し、契丹や女真族は黄河流域に移住し、各民族は雑居して、融合し合っていた。アラビア人とペルシア人が中国に来て、維吾爾族、蒙古族、漢族と雑居し、通婚もして、新しい民族としての回族が誕生した。

(3) 西北の少数民族

西域とは玉門関と陽関の西を指し、シルクロードの通路である。六四〇年、唐は高昌国(新疆トルファン)を攻め破り、安西都護府と北庭都護府を設置した。清はその地名を新疆に命名した。そこの先住民は今の維吾爾族、哈薩克族、回族、柯尓克孜族、塔吉克族、錫伯族、烏孜別克族、俄羅斯族、塔塔尓族の祖先であった。

西戎とは西北の各少数民族の総称で、戎とは戈という武器を持った人を意味する。西戎は中国西北地方(黄河上流、甘粛省西北部)に居住、そのトーテムは犬なので、「犬戎」ともいう。西周に、西戎は周とよく戦っていた。

西戎は漢代には氐族(四川省、甘粛省、青海省に居住)と羌族(四川省泯江上流に居住。トーテム:羊)に分かれた。三〇四年、氐族の首領李雄が成都で成漢国(三〇四年〜三四七年)を建てた。それをきっかけに、中国は五胡十六国時代(三〇四年〜四三九年)、南北朝時代に入り、匈奴、鮮卑、羌、羯、氐という五胡は黄河流域に侵入し、国を作り、現地の漢族と戦ったり、融合したりしていた。

党項族は西羌族の支系で、青海省東南部の黄河地域に住んでいた。唐代に、甘粛東部や陝西北部に遷移した。黄巣蜂起軍の鎮圧に功績があり、拓跋思恭は唐僖宗に夏国公を賜り、李に賜姓され、藩镇の一つになった。一〇三八年李元昊が西夏国を建てた。宋と遼との戦争に勝ち、三国鼎立の状態になった。一二二七年に、チンギスの蒙古軍に亡国された。西夏が亡国した後、党項族はチベット族、蒙古族、回族に同化された。因みに、雲南省に遷移した西羌は南詔国（七三八年～九〇二年）、大理国（九三七年～一〇九四年、一〇九六年～一二五三年）を建国し、今の白族、彝族、納西族、哈尼族、拉祜族、傈僳族、基諾族、景頗族、阿昌族、独龍族、普米族、怒族、土族になった。

4　南方の少数民族

南蛮とは南方の各少数民族の総称である。紀元前二二一年、秦が中国を統一した後、南方諸国の楚族、巴族、蜀族、越族は次第に融合し合って、漢民族化した。楚族は華夏族の支系で、祝融の末裔で、先祖の高陽氏は皇帝の孫だという[6]（参考文献二二五ページ）。もとは河南省鄭州市新鄭当たりに居住していたが、戦争に負けて漢水に沿って南方に遷移した。紀元前一一世紀の初め頃、楚族は楚国を建国し、紀元前二二三年に秦に破れ、亡国し、楚族は次第に漢族化された。

巴族は廩君蛮と板楯蛮に由来し、巴国（首都：重慶市）が秦に滅亡された後、湖北省や湖南省に逃げ、後の土家族の先祖であった。

蜀族は商代から戦国時代の晩期まで四川盆地の西側で活躍していた人たちで、最初の首領は蚕の飼養で有名な蚕叢だと言われている。彼はシルク産業に関わっている伝説上の人物である。三星堆遺跡から見れば、蜀族は大変に高いレベルの青銅器文化を持っていて、黄河文明に負けないほどの長江文明の持ち主であった。蜀国が紀元前三一六年秦に統一された後、蜀族は漢族化された。

越族は呉越地域に居住し、「呉越春秋」「臥薪嘗胆」で有名な民族であったが、紀元前三三四年、越国が楚に亡国された後、越族が南方の各地に遷移し、百越になった。福建省のは閩越、広東当たりのは南越、広西当たりのは駱越と西甌、雲南省南部のは越裳（後に滇越、撣と称される）、貴州省のは夜郎になった。閩越国と南越国はそれぞれ紀元前一一〇年、前一一一年に漢武帝に統一され、その住民はほとんど漢族化した。駱越と西甌も秦に統一され、平野に住んだのはほとんど漢族に融合して、山岳に住んだのは交通が不便なので、相変わらず獠とか蛮と称された[6]（参考文献五七～七〇ページ）。百越の末裔は壮侗語族の壮族、侗族、黎族、布衣族、傣族、仡佬族、毛南族、仫佬族、水族になった。滇国（紀元前二七八年～前一〇九年）と夜郎国（夏商周から前漢時代に存続）は漢に統一され、その子孫は今雲南、貴州に在住している多くの少数民族になった。

壮族は人口が一番多い少数民族で、もとは広東・広西当たりに居住していた駱越と西甌で、百越の支系である。その民族名は後漢から唐にかけては俚とか僚、宋代には撞、明・清代には壮と記載され、一九五二年に僮に統一され、一九六五年には「壮」と決められた。海南島に居住した俚・僚は今の黎族になった。

『後漢書・南蛮伝』により、漢代に南蛮の主要民族は、盤瓠、廩君、板楯であった。盤瓠は湖南省、貴州省当たりに居住する土家族、瑤族、苗族のトーテム（神犬）である。廩君は四川省、重慶市当たりに居住する土家族の祖先で、そのトーテムは白虎である。板楯は四川省の東に居住した巴人で、後に賨人と呼ばれ、今の土家族の先祖であった。

南方の少数民族は呉、越、楚、滇、夜郎、南詔、大理のような国家を作ったことがあるが、基本的には北方のような騎馬民族ほど好戦的ではなく、蒙古族の元、満州族の清、契丹族の遼、女真族の金ほど影響力の強い政権が作れなかった。

北方の少数民族が中原或いは全国を支配していた頃は、北方の漢族は多く南方に移住してきた。例えば、客家は戦乱を避けるため北方から南方へ移ってきて、客籍に入籍した漢族の移民である。客家は主に広東、江西、福建、広西、四川、海南、湖南、浙江、台湾、香港、マカオに住んでいる。

5 少数民族政策

民族政策は政府が民族関係を調和するため、民族問題を解決する時に実施した政策である。唐は科挙試験を通して各民族の人材を大切にしていた。民族的出自を問わず、能力や功績がある人を政府や軍隊に重要な官職に就かせた。

宋は北方の遼、金、蒙古、西夏と戦争を続けてきた。北方の少数民族とは戦争状態が続いていた。南方の少数民族は「生×族」「熟×族」に分けられていた。例えば、漢民族化の程度が高く、朝廷の支配に従うのは「熟×族」と言い、その反対のは「生×族」と言われた。「熟×族」の長にはその居住地を世襲的に支配させる「羈縻政策」を実施していた。

元代、民族には地位の高低があり、高い順から言えば、①蒙古人、②色目人（中国に来た中央アジア人・西アジア人・ヨーロッパ人。後の回族）、③漢人（北方の漢族・契丹族・女真族・雲南や四川省など早い時期に元に支配された地域の人）、④南人（もと、南宋に居住した各民族）であった。蒙古族は社会的地位が一番高く、各政府機構の長に就き、軍事権を握り、税金や裁判でも恵まれていた。その政策は明らかに差別政策であった。

明代の少数民族政策は地域により違った。①雲南・貴州・広東・広西・四川・湖南に居住した苗、瑶、壮、彝族には元代からの土司制度を維持していた。後に「改土帰流」を実施し、土司の管轄地域を中央政府の支配地にした。②北、東北、西北の少数民族地域では、都司と衛所などの軍事機構を設置し、領土安全を守った。しかし、東北の女真族には朝廷に帰順させる羈縻政策を実施していた。

清代の少数民族政策は、①満蒙通婚。満州族と蒙古族にチベット仏教を勉強させ、達頼と班禅を満州族・蒙古族・チベット族の精神指導者にさせた。②科挙制度を実施し、漢族の文人を篭絡した。③西南地域では「改土帰流」を実施し、少数民族を漢民族化させたが、国境周辺で新しい土司制度を実施し、国土を広めた。

中華人民共和国は、各民族が平等団結して奮闘し、共に繁栄し、民族地域を自治するという民族政策を建てた。今、内蒙古自治区、広西壮族自治区、チベット自治区、寧夏回族自治区、新疆ウイグル自治区という五つの自治区があり、また自治州が三〇、自治県が一二〇ある。政府は税金や生育政策や教育資源など多くの面において、人口の少なく、経済的に遅れている少数民族地域の発展を優先させている。

6 少数民族の文化

（1）言語。漢語を使う回族と満州族を除いて、ほかの五三の少数民族はみな自民族の民族語を使っている。そのうち、漢・チベット語系の民族は最も多くて、二九あり、主に中国の西南と中南に居住している。アルタイ語系の民族は一八あり、主に東北と西北地域に分布している。雑居している民族同士はほとんど相手の民族語で交流できる。学校教育やマスメディアでは漢語が使われているので、一部の年輩者以外はみな漢語ができる。傣族、朝鮮族、チベット族、蒙古族など二一の少数民族には自民族の文字もある。

（2）文化芸術。少数民族には自分の神話伝説、音楽舞踊がある。蒙古族の長歌と維吾爾族の「十二木卡姆」は世界無形文化遺産に登録されている。

（3）習俗。少数民族はその民族ならではの衣食住、年中行事、通過儀礼を持っている。衣類にはそれぞれ派手な民族衣装を持っている。食には淮河以南の稲作民と東北の朝鮮族はお米を主食とする。黄河流域の少数民族と維吾爾族と回族は面類を主食とする。草原地帯の蒙古族やチベット族は肉類を、ウスリー川の沿岸に住む赫哲族は魚をよく食べる。風土によって、各民族はそれぞれの飲食文化を持っている。

また、各民族は自分の年中行事や通過儀礼を持っている。例えば、回族などイスラム教を信じる民族は開斎節（精進開けの宴、イスラム教の暦の一〇月一日）やグルバン祭（イスラム教の暦の一二月一〇日）、チベット族などラマ教を信じる民族は年越し（チベット族の暦の正月）や灌仏会（転山会・沐仏節とも言う。旧暦四月八日）を盛大に行っている。五穀豊穣を祈願する祭りには松明祭り（彝族、白族、拉祜族等、旧暦の六月二四日）、新嘗祭（侗族、哈尼族等、日にちは地方により違う）、三月街（白族、物資交易会、旧暦三月一五日）、水掛け祭り（タイ族など、日にちは民族により違う）などがある。無病息災を祈願する祭りにはナーダム（蒙古族、鄂温克族、達斡爾族、七月か八月）、娯楽・愛情に関する祭りには三月三歌会（壮族、侗族、ミャオ族、ヤオ族など）が盛大に催されている。漢族から受け入れた祭りには中元節、中秋節、端午の節句などがある。祭りはその民族の暦と関わる。チベット族、蒙古族、壮族、羌族、傣族、ハニ族の暦は陰陽歴である。彝族の暦は太陽暦で、一年を一〇か月に分けて、一か月を三六日にし、それ以外の五日は年越しの日とする。冬至は一年の始めとする。三年おきに一日プラスして閏年（三六六日）となる。哈尼族は一〇月年を、佤族は月と地球と木星の回転に基づいた星月暦を使う。

（4）宗教。チベット族や蒙古族などはチベット仏教（ラマ教）を、傣族や布朗族などは小乗仏教を、回族や維吾爾族などはイスラム教を、景頗族や拉祜族などはキリスト教を信じている。また、錫伯族や満州族などのシャーマン、納西族の東巴（世界記憶遺産）のように、原始宗教も信じている。少数民族の多くは辺境や山岳地域に住み、基本的には樹木神、水神、竈神、天神、山神、太陽神など多くの自然神を信じている。祭司は祭りを主催するに当たり、神話や呪文やお経を唱えて、地域社会の精神的なリーダー役を果たしている。

（5）物質文化。少数民族は悠久たる歴史において、豊富な物質文化を創った。例えば、チベットのポタラ宮（一九九四年）、納西族の麗江古城（一九九七年）、福建省客家の土楼（二〇〇八年）、雲南省紅河州ハニ族の棚田（二〇一三年）、湖南省・湖北省・貴州省の少数民族地域の土司遺跡（二〇一五年）、壮族の祖先駱越が書いた左江花山の岩絵（二〇一六年）などは世界文化遺産に登録されている。

まとめ

中華民族は黄帝・炎帝・蚩尤とその周りの部落連盟から発展してきたのである。長い歴史の中で互いに戦争や遷移をして融合してきたので、民族の名前は時代ごとに変わって、匈奴、東胡、鮮卑、契丹、突厥、女真、烏桓、羯という名前は消えたが、その末裔は別の民族名を名乗って生き残ってきている。吐蕃、南詔、大理、楼蘭、渤海、遼、金、西夏、元、清などは少数民族が建てた国家と地域政権で、素晴らしい文化を創ったのである。

中華人民共和国は成立した後、積極的に民族を認定し、民族の平等政策や団結政策や地域自治政策などを策定して、封建的な領主制や貴族特権者を排除し、共同繁盛を実現した。今、少数民族は主にチベット、青海、新疆、甘粛、内モンゴル、寧夏、広西、雲南、貴州、四川、遼寧、吉林、湖南、湖北、海南、台湾に雑居し合って、互いに仲良く暮らしている。

【参考文献】

(1) 国家統計局(二〇二一年五月一一日)『第七次全国人口普査公報』。
(2) 陳戍国点校(一九八九)『周礼・礼儀・礼記』岳麓書社。
(3) 張碧波、董国堯(一九九三)『中国古代北方民族文化史』黒龍江人民出版社。

（4）司馬遷（一九八八）『史記』岳麓書社。
（5）陳寿（一九九〇）『三国志』岳麓書社。
（6）王文光（一九九九）『中国南方民族史』民族出版社。

（張　正軍）

第5章 白起の水攻めの真実

はじめに

秦の始皇帝は前二二一年に天下を統一した。戦国時代には、いわゆる七雄が覇を争っており、秦は他国を滅ぼして統一を成し遂げた。

多くの将軍が統一に貢献した。その一人が白起である。その軍功は、『戦国策』や『史記』等に簡単な記述が残され、後代になって話がふくれあがったことがわかっている。だから、歴史研究の醍醐味としては、そもそもどんな史実があったのか、比較的史実に近い記事がどう記されているか、それに尾ひれがついてどんな物語になったのかを、それぞれ区別して議論できるかどうかが鍵をにぎることになる。その上で、物語を物語として楽しむのは、歴史の重要な効用になっている。本当はこうだよと蘊蓄をたれるのも、また昔から続いてきた歴史の効用である。

本論は、後者の一端を語ることになる。

1 白起の水攻めは何に記されているか

上記のように、白起の事績は『戦国策』や『史記』に記されている。ところが、標題に示した水攻めは、有名なものが別の書物に示されている。北魏の酈道元（～五二七年）の『水経注』である。この書物は、最近研究が進んできた。以前から一部の研究者が使用していたが、著名な研究ですら、言及していないことがある。理由は、おそらくこの書物が北魏という後代すぎる王朝の下でできあがった点にあるのだろう。後代の創作がはいらないよう、言及しないのがいいという判断である（ただ単に気づかなかっただけの可能性もある）。

ところが、筆者は、個人的研究結果から、判断可能なことがある。それは『左伝』研究からする推論である。『左伝』は、『春秋』にそって解釈や説話を付した書物である。『春秋』は前七二二年から前四七九年までの年代記である（編纂は前四世紀後半。複数国の記録をまとめたことが指摘されている）。『左伝』は前四七九年以後の記事（『春秋』のない記事）もしばらく続いている（『左伝』の編纂は前四世紀後半で『春秋』よりやや遅れる）。この『左伝』

が引用する説話は古くからの伝承が多く、新旧入り交じる内容となっている。言葉も古く、人名も同一人物がいくつもの名で示されていたりする（若い時の名とか、支配地が別になったとか、職が替わったとか）。そのままでは解釈できないことが多い。ところが、北魏の前にあった西晋王朝の学者であった杜預（三世紀）が『左伝』に付した注釈がとても役に立つ。現在の『左伝』学は、この杜預注で文章が理解できるというのが基礎になっている。言い方を換えれば、杜預の時代までは、『左伝』が正しく解釈できるだけの材料が残っていたということである。

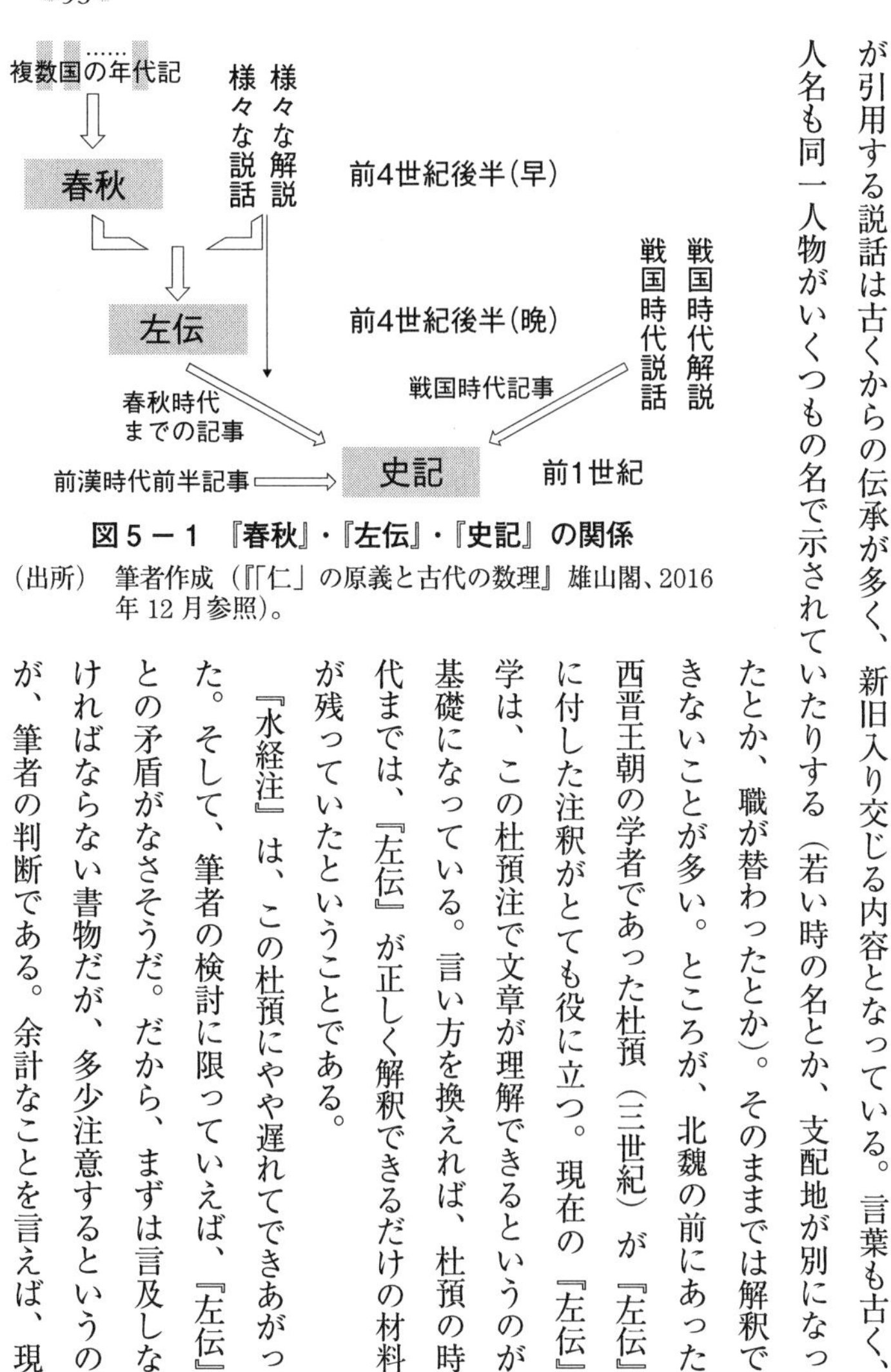

図５－１　『春秋』・『左伝』・『史記』の関係

（出所）　筆者作成（『「仁」の原義と古代の数理』雄山閣、2016年12月参照）。

『水経注』は、この杜預にやや遅れてできあがった。そして、筆者の検討に限っていえば、『左伝』との矛盾がなさそうだ。だから、まずは言及しなければならない書物だが、多少注意するというのが、筆者の判断である。余計なことを言えば、現在われわれが目にする『水経注』には、後代の注釈が付加されている。だから、その付加された内容に勇み足がないかどうかは、別に検討しておく必要がある。

そしてさらに、ということになるのだが、標題の「水攻め」を記す『水経注』を読んでみると、どうやら二つの解釈ができるように記されていて、酈道元の時代に、すでに判断を躊躇していたらしい、ということのようだ。いま最終判断を模索する前に、判断に役立つ別の材料を提示してみたいと思う。

2 秦による楚国の湖北・湖南の地の領有をめぐる史料記述

問題の水攻めは、『水経注』に記されているが、それに関わるのは、秦による楚の鄢郢攻撃である。簡単な経緯は、『史記』の記事をまとめれば想定できる。この経緯からすると、秦は、四川の地から湖南の西に軍を進め、そこから不意打ちにする形で楚に攻め入った。これに対抗しきれなかった楚の主力は、北に逃げ、さらに東に逃亡する。伝説からすると、このとき屈原は逃げ切れないと悟り、汨羅の淵に身をなげている。

白起は、秦の本拠から軍を進めたようであり、鄢を攻めた後、南下しているようだ。

つまり、一連の状況からすると、楚が東に逃亡するにつき、鄢を水攻めする時間はあまりなかったのではないかと見られる。秦は、鄢から南下し湖北の地を攻め、四川から湖南に軍を進めた別働隊は、湖南の地を攻めて洞庭湖の東に屈原を追い詰める。屈原は、鄢や淮水方面への経由地を秦に掌握され、身動きがとれなくなったと考えるのが妥当である。

一般には、知られていないが、長江の水運は、舟が小型である。軍が移動するのには、制限が多いというのが、先行研究の述べるところである。

この先行研究として、従来議論されているのは、春秋時代の呉による楚都陥落（前五〇七年）の経緯である[1]。長江による軍の移動がないため、長江下流域の呉は、まずは淮水まで北上し、山がちの土地を迂回して現在の合肥に向かい、そこから西に軍を進めて淮水の上流に向かい、さらに軍を進めて鄢の地に出てくる。

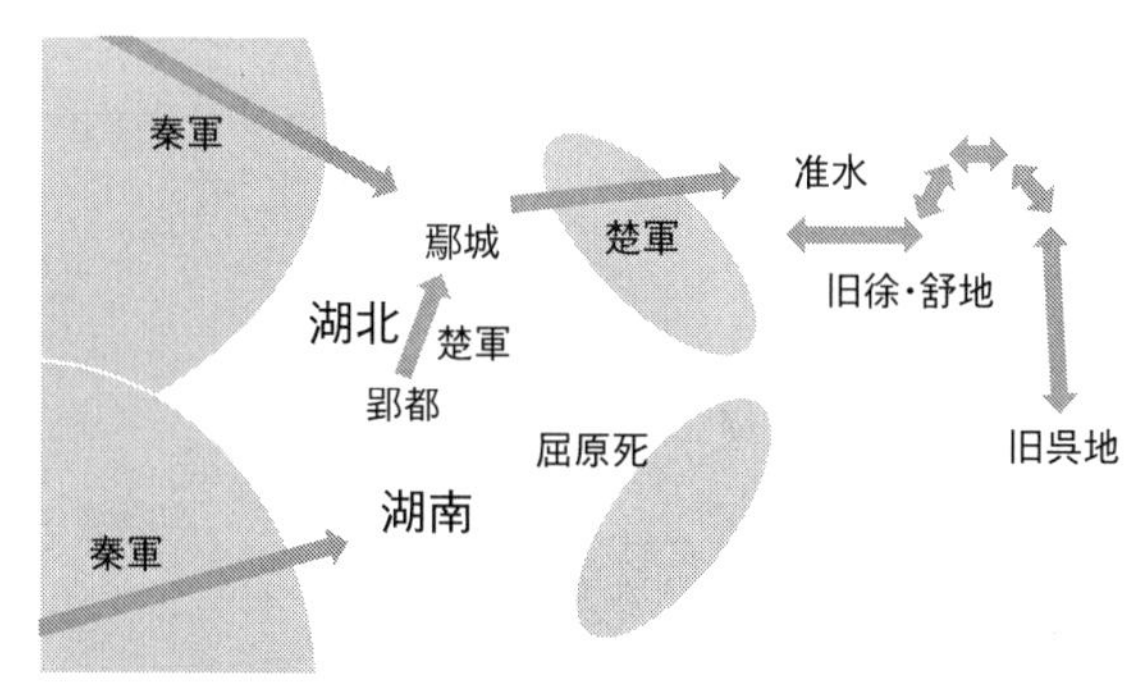

図 5−2　前二七八年の秦軍・楚軍の進軍路

進軍路 ➡ ⬌ は当時馬車道が通じているところ ⬬ は山地

（出所）　筆者作成（『「仁」の原義と古代の数理』雄山閣、2016年 12 月参照）。

この呉の楚への進軍路をまさに逆に向かって、前二七八年[2]に楚は東に軍を逃亡させたのである（図5－2）。

また、呉が撤退した原因の一つは、鄢にむかって秦が援軍を派遣したことであり、このときの秦の進軍路が、おそらく白起の進軍路になる。

3　鄢をめぐる進軍路

春秋時代、鄢の地に東方から呉がどのように軍を進めたか、逆に言えば、その呉に対抗するために、楚がどのように東に軍を進めていたか、秦が西からどのように鄢に向けて援軍を繰り出したのか、これについては、現在一般に提供されている歴史地図では、判断が難しいものとなっている。

しかし、戦前に作成された『中華民国歴史地図』[3]を活用し、これに清末民国の学者楊守敬の『水経注図』[4]を加味して検討すると、おおよその経緯が了解可能である。ただし、楊守敬ははるか後代の学者であるから、検討の主眼は『水經注』本文にあり、楊守敬が引用する諸書を加えて検討する。諸書の成立時期や性格にもできる限り目配りする。

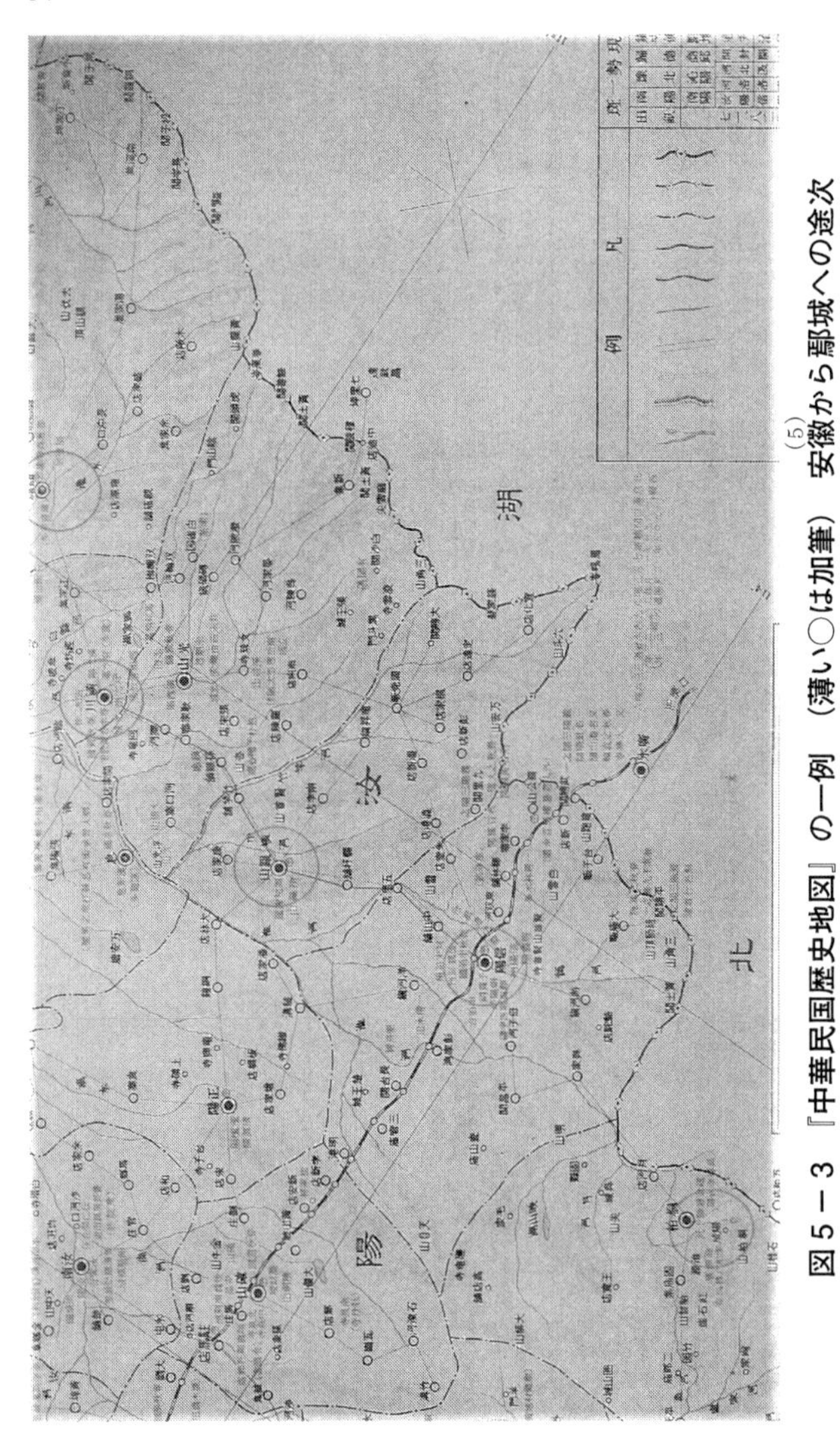

図5－3 『中華民国歴史地図』の一例 （薄い○は加筆）[5] 安徽から鄢城への途次

これらの歴史地図を利用する上で大いに注目しておいていいのは、『中華民国歴史地図』に地図作成時点の馬車道が直線で示されていることである。これは、便利になった現代人がつい陥りやすい誤解に注意を喚起するものである。軍隊を動かすには、当然荷車を利用する。だから、こうした馬車道は、古代に遡って進軍路を検討する際の基礎になる。

『中華民国歴史地図』の一例をもう一つ挙げておくと、それが、白起の進軍路になる。これはまた、春秋時代の呉による楚都陥落時の秦の援軍の進軍路でもある。

この図をここに挙げたのは、別の意味もある。それは、一般に春秋戦国時代を検討する場合、この進軍路は無視されることが多いという点に注意を喚起しておきたいことである。[6] 無視していては、理解が深まらない。

4 新出『楚居』をめぐる懸念

世の中には、「骨董簡」等と称されるものがある。本来なら考古発掘の成果として世に出るべき史料だが、盗掘によって、ある日突然市場に現れた。学術界は騒然となった。真贋の検討の結果、贋作ではないだろうとされたものを検討する。ここに紹介したいのは、『楚居』[7]で

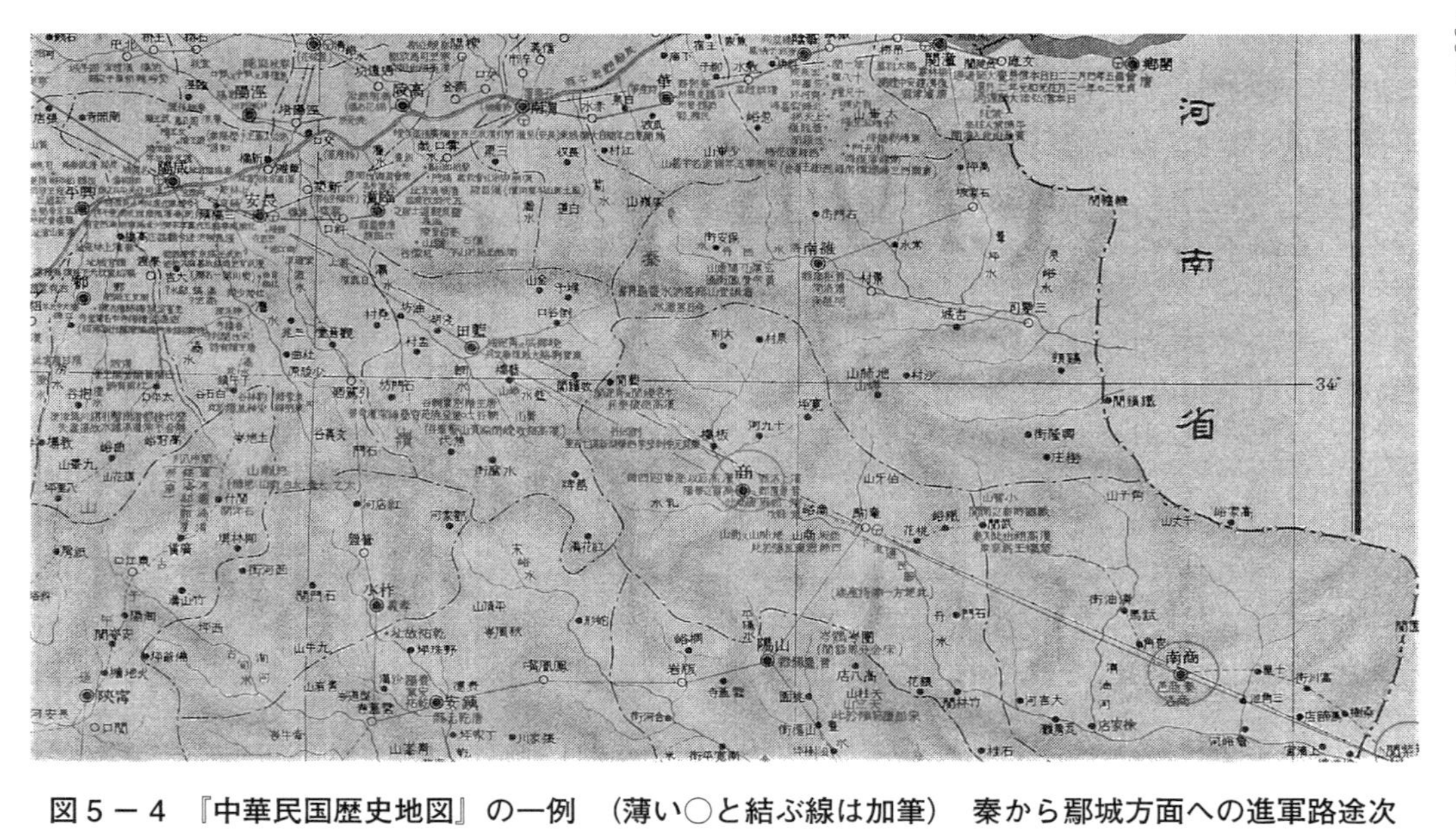

図5－4『中華民国歴史地図』の一例（薄い○と結ぶ線は加筆）　秦から鄢城方面への進軍路途次

ある。

鍵をにぎる字を問題なく字釈していれば、混乱は防げたが、実際は、別字に釈していた。この種の混乱があると、上記に説明しておいた楚軍や秦軍の進軍路についての想定も、理解が妨げられよう。

ここには、贅言を避けるが、本来の字釈を用いつつ、『楚居』に議論される地名を『水経注図』に落とすことができる。その一案を下記に示しておく。『左伝』の記事は、『楚居』等新出の史料を加えて検討することができる。

5 『水経注』に見える鄢城と白起

『水経注』巻二十八沔水注にこうある。「昔白起楚を攻め、西山より長谷水を引く。即ち是の水なり。旧堨、城を去ること百許里、水城西より城東を潅す。入注して渕を為す。今の熨斗陂是なり。水城東の北角を潰け、百姓水に隨ひ、死を城東に流すこと数十万。城東皆臭あり。因て其陂に名づけて臭池と為す。後人其の渠流に因て以て陂田を結ぶ。城西陂、之を新陂と謂ふ。覆地すること数十頃、西北又土門陂を為す。平路渠以北より、木蘭橋以南、西の

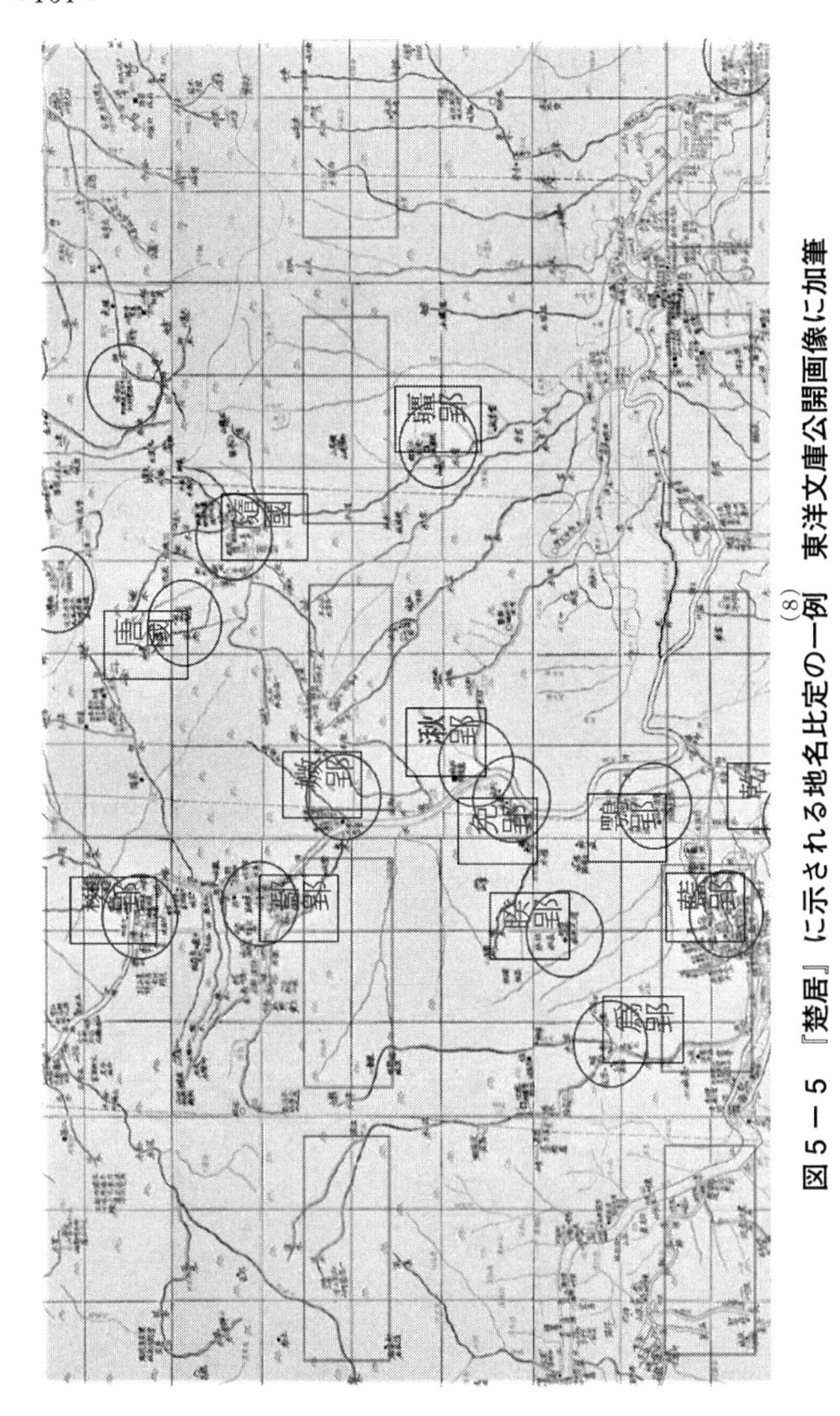

図５－５　『楚居』に示される地名比定の一例[8]　東洋文庫公開画像に加筆

かた土門山を極む。東のかた大道を跨ぎ、水流周通、其の水新陂より東のかた入城す。城故は鄢郢の舊都。秦以て県と為す」とある。

筆者は、一九八八年に開催された『楚国歴史与文化国際学術研討会』に参加し、石泉教授らと行動をともにした。その際、鄢城遺址を訪れる機会を得た。「東の北角を潰け」とあるのだが、現地はこの部分が小高くなっている。「潰」はあり得ない。そこで、「北角」と「臭」に何らかの関わりがないかと考えてみると、『水經注』巻二十八沔水注には、上記と別のところに「又南のかた邵県の東北を過ぐ……沔水の左に騎城有り。周迴二里、餘高一丈六尺、即騎亭なり。県故楚邑なり。秦以て県と為す。漢高帝十一年、黄極忠を封じて侯国と為す。県南に黄家墓有り。墓前に雙石闕有り。彫制甚だ工なり。俗に之を黄公闕と謂ふ。黄公名尚く漢司徒為り。沔水又東のかた豬蘭橋を逕。橋本木蘭橋に名づく。橋の左右、藁获を橋東に豊かにす。劉季和大いに豬を養ふ。襄陽太守曰く、此の中豬屎臭を作す。名を豬蘭橋と易ふべし。百姓遂に以て名と為す」とある。ここに「豬屎臭を作す」とされた場所は、まさに、鄢城の東北角の外側に当たる。

さらには、巻二十八沔水注の別のところには「其の水又金城前県南門を逕。古碑有り猶ほ存す。其の水又東のかた城を出で、東のかた臭池に注す。臭池慨田せられ、陂水散流せられ、

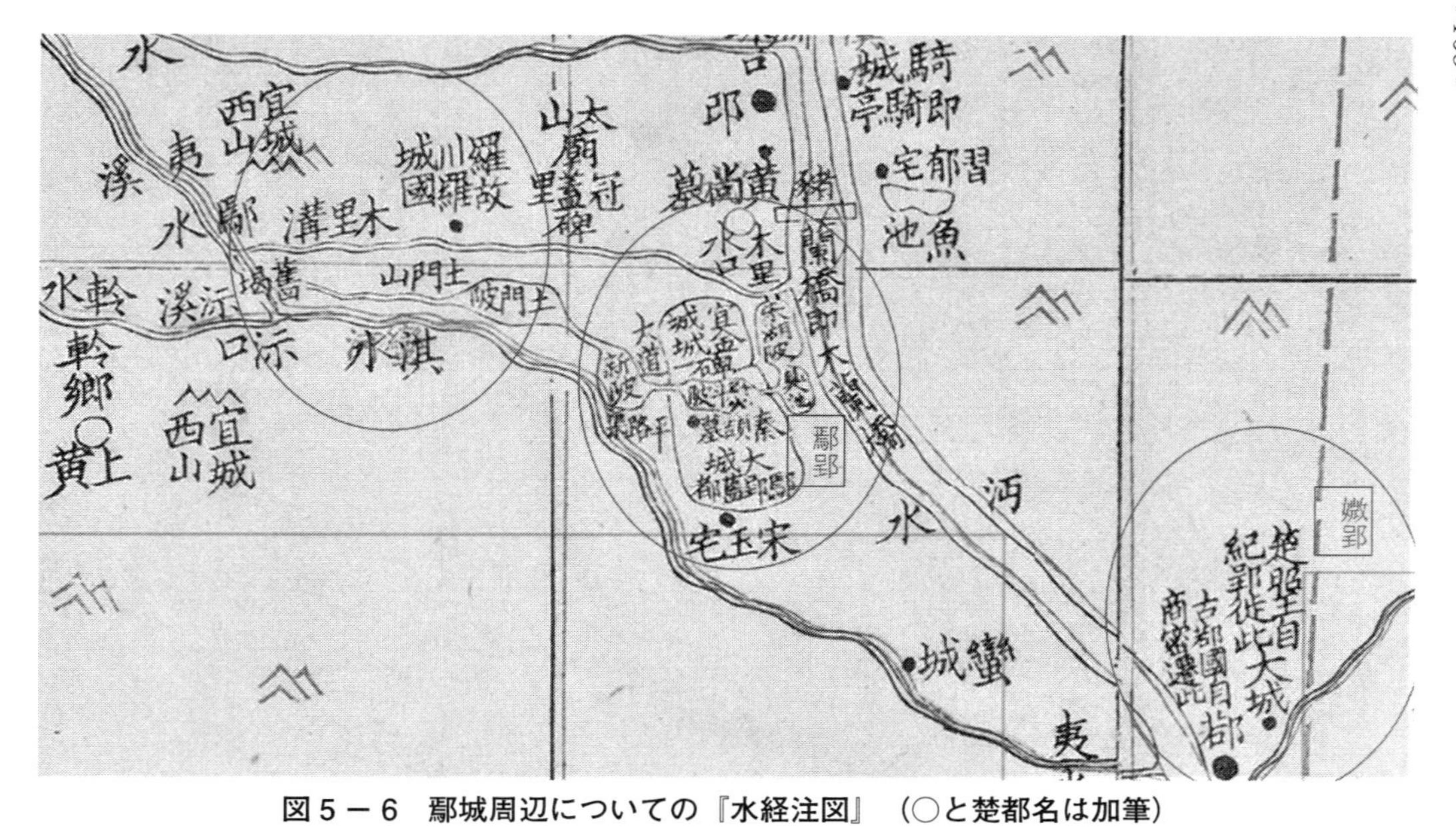

図5－6　鄢城周辺についての『水経注図』（○と楚都名は加筆）

又朱湖陂に入る。朱湖陂亦下りて諸田を潅す。餘水又下りて木里溝に入る。木里溝、是漢南郡太守王寵の鑿つ所なり。故渠もて鄢水に引くなり。潅田すること七百頃、白起渠もて漑することと三千頃、膏良肥美、更に沃壤為り」とある。これは、白起渠をもとに臭池が慨田せられたという記事である。白起渠の機能が潅漑にあった。ただし、潅漑したのは、鄢城の中ではなく鄢城の東北角の外側にあった「臭池」だったという話になる。

以上をまとめると、『水経注』沔水注には、鄢城に関連する記述が三か所あり、うち二か所は、鄢城の東北角の外側に関する記述であり、もう一か所が鄢城内部の記述である。いずれも「臭池」に言及する。前二者は、鄢城の外側であり、残りは鄢城内部である。その鄢城内部の「臭池」の記事は、現状確認し得る地形に合わないということであった。

以上から容易に想定し得るのは、前二者の「臭池」が古くからの伝承を残すものであり、残りの鄢城内の「臭池」には、尾ひれがついていそうだということである。

加えて、すでに図5－2を用いて論じた前二七八年の記事を見ると、以下のようになる。

・『戦国策』秦策四九四に「〔秦白起〕或いは鄢・郢・夷陵を抜き、先王の墓を焼く。王、東北に徙りて陳城に保んずるあり」

・『戦国策』秦策一四四に「秦、荊人と戦ひ、大いに荊を破り郢を襲ひ、洞庭五都江南を取る。荊王亡じて奔走し、東のかた陳に伏す」

他にも関連記事はあるが、情報の一部を記すにとどまる。

以上からすると、白起はまずは鄢城を陥落させ、南に軍を進め、洞庭湖一帯を支配下にいれている。これもすでに述べたように、この時、洞庭湖の東の汨羅に身を投げたのが屈原である。

この屈原に対し、楚王は東に逃亡している。この逃亡時期は、秦の鄢城攻めより早いのであり、白起の南下は電撃的だったのであろう。

前五〇二年の呉による楚都攻略の際は、楚王（昭王）は東漢水方面に逃れて北上し随にかくまわれている。秦の援軍が西から到着し、呉が軍をひいたため、楚王の身は保全されたのである。

こう考えてくると、前二七八年に楚王が陳に逃れたのは、白起が鄢城を攻める前だったと考えるのが妥当であろう。楚王は、秦がこれも電撃的に四川方面から湖南の西に軍を出してきたため、危機ととらえて鄢方面に北上し、さらに白起の秦軍により東に逃亡したとみるのが妥当である。

このように考えると、秦の白起がそもそも鄢を水攻めする必要があったのだろうか。仮にあったとしても、白起自身には、水攻めしている時間は、そもそも与えられていなかったのではないか。

仮に水攻めしたとしても、その対象は楚王逃亡後の鄢の残存勢力であり、攻めたのも南下して湖南方面の制圧に尽力していたはずの白起ではない。

先に、『左伝』を読解する上での杜預注の重要性を述べ、『水経注』もそれなりに重視すべきことを述べたのであるが、白起の鄢の水攻めに関する記述からすると、『水経注』が編纂された時期にあって、すでに尾ひれのついた記事が起こり始めていたことがわかる。

おわりに

本論は、世に名高いと言ってよい白起の鄢城水攻めの記事を扱った。非常に簡単ではあったが、結局のところ短いとは言えない分量で史料事情を述べた。そして、問題の水攻めには、現地調査と矛盾する記述があることを述べるにいたった。

その矛盾をどう読み解くかは、古くからの史料を相互矛盾が生じないように整理し、『水経注』にいたってはじめて矛盾が生じることをつきとめた。

その結果から述べれば、そもそもの史実は、豚を飼育した結果引き起こされた鄢城の東北角の外の環境破壊である。その郢城が、白起の攻撃対象であったため、話に本来存在しない尾ひれがついて、その環境破壊が郢城内部のことであり、白起の水攻めによる大量殺戮の結果であるかのように、されていた。白起の名がつく白起渠は、郢城の外に引き起こされていた環境破壊を、後代に解消する役割を果たしていた。このことも、『水経注』に記されていたのであった。

郢城にも当然生活排水は必要であろう。これが城攻めに利用された可能性はある。具体的にどうだったかは、『水経注』の記事とは別の可能性を探らねばならない。

識者の叱正を期待する。

付言(9) この度、原宗子先生のご高配により、座談会に出席する機会を得た。そのときの発言資料をもとに、本文を作成してみた。わかりにくくなりそうな部分は、なるべく注釈にまわすようにしたので、内容確認には、まずは注釈抜きでお読みいただければと思う。そもそも史料根拠から丁寧に解説するといいのだが、紙幅も限られているので、それが気になる方は、まずは注釈にお目通し願えればと思う。本来の趣旨は、郢城にからんだ環境破壊であったが、行論の大半は、史料の扱いに終始することになった。わずらわしい世界ではあるが、そのどれが欠けても、結論はかなりぼやけたものになる。このわずかな明確化に、そのわずらわしさの解明が役立つとすれば、望外の幸せである。

【注】

（1）一九八〇年代、武漢大学や湖北省博物館等で、楚の都の新旧問題が熱心に討論されていた。楚の都は、長らくいわゆる紀南城だと考えられてきたが、この城址から出土する遺物が比較的新しい。戦国時代のいつからの都なのか、それまではどこに都があったのかが議論された。こうした状況下で、武漢大学の石泉教授は、前五〇六年の呉による楚都陥落が、どのような軍事侵攻だったのかを検討し、紀南城でない都を陥落させた可能性を考慮しながら、淮水方面からの呉の進軍、どのように楚の昭王を追い詰めたのかの経路を検討している。これは、一九八八年一一月武漢等にて挙行の『楚国歴史与文化国際学術研討会』の口頭発表が、本論の内容上最も関係があるが、これ以外、石泉「先秦至漢初〝雲夢〟地望初探（湖北省社会科学院歴史研究所編『楚文化新探』湖北人民出版社、一九八一年九月）は、「雲夢」の地名がやや北から次第に南に延びて用いられるにいたったことを述べている。陳耀鈞「荊州地区楚文化調査与探索」（『楚文化研究論集』第一集、荊楚書社、一九八七年）は沮漳河流域一帯が紀南城一帯より早く発展したことを述べている。本論の検討は、それらの研究を大いに参照し、自らの研究を加味して述べている。

（2）拙著『新編史記東周年表』（東京大学東洋文化研究・東京大学出版会、一九九五年）の五二〇頁に示したように、冬至月を二月とする楚正（楚の暦）、同じく冬至月を第二月（一〇月が第一月である一二月）である秦顓頊暦では前二七八年に相当する年の年頭である。同じ記事が、魯では使用暦が異なるので、前二七九年に相当する年の年末として記録されている。

（3）この地図集は、江蘇省及安徽省淮河流域、浙江省及安徽省南部江西省東北部、河南省、河北省察哈爾東南部、山東省、山西省及綏遠省東南部。陝西省それぞれの歴史地図からなる。すでに個々に印刷されていて、それらをまとめて出版したもの（市村瓚治郎・常盤大定・中山久四郎校閲、大宮権平著、中文館書店、一九二五年一一月）。個々の地図は、たとえば東京大学東洋文化研究所図書室に所蔵されている。

（4）財団法人東洋文庫のホームページ上に、この書の整理画像が公開されている。

（5）この図の地域を拡大して示した5－2図において、「故徐・舒の地」と示した地域は、楚とは歴史伝統を異にする地域である。春秋時代に呉が台頭すると淮水に北上してさらにこの地に入り、西からこの地に進出した楚と覇権を争った。この地の青銅器は、いわゆる周の青銅器とは異なる銘文を有しており、楚としても、楚の本拠とは異なる行政組織を作り出したようである。沈尹（『左伝』襄公二十四年等）すなわち「沈（番）君」の下に「祀伯者（諸）君」が率いる組織があるらしい。「沈君」は「沈公」を称した可能性もある。拙稿「春秋楚国爵位問題」（『楚文化与長江中游早期開発国際学術研討会論文集』二〇二一年二月、武漢大学出版社)。

(6) ここには示さないが、一般に注目されているのは、秦が陝西から函谷関を出て以後の進軍路である。函谷関の名が一人歩きしていることによる。しかし、この函谷関についても、一般的誤解がある。函谷関は、実は東西二つ存在する。西の函谷関はいわゆる函谷関である。東の函谷関は、長い間漢の武帝が設置したと誤解されていたもので、『戦国策』等に散見する諸国の進軍路からすると、この武帝の函谷関が古くから機能していたことがわかる。東の函谷関は、陝西省方面からの進軍を阻止する作りになっていて、天然の要害である。西の函谷関は東方諸国が陝西の地に進軍するのを阻止する作りになっている。だから、秦が西から進軍するには、東の函谷関は最初から避けて迂回する。宜陽を抜き、伊闕を抜いて北上して洛邑に至る。伊闕の南の伊川から南下すれば、楚の方城の外に至る。宜陽は長らく韓の管轄下にあった。紀年矛盾による誤解の結果、秦が早くにこの地を領有していたかの誤解がある。これも秦の進軍路を誤る原因になっている。拙著『都市国家から中華へ』(講談社学術文庫、二〇二〇年一〇月)およびその「文庫版あとがき」参照。膨大な紀年矛盾の解消は、拙著『新編史記東周年表』(東京大学東洋文化研究所・東京大学出版会、一九九五年)等。拙著の鍵は、『史記』等に残された膨大な紀年記事にある。諸国の君主の在位年を筆者のように再配列すると、紀年矛盾がなくなる。『史記』年表のように再配列すると紀年矛盾があちこち起こる。同じ紀年記事について、方法を異にする結果として、矛盾がなくなるものと矛盾満載のものができあがる。矛盾がなくなるもので、秦の進軍路も検討してみたのが本論になる（本論末尾参照）。

（7）『楚居』をめぐる混乱が懸念された頃、同じ「骨董簡」として注目されていたのが『繫年』である。『史記』とは矛盾するところが多々あることが指摘され、混乱に拍車がかかっていた。ところが、この年代記は、前掲拙著『新編史記東周年表』（一九九五年）の紀年配列とは、実に相性がよかった。『史記』との矛盾を気にかける方は、拙著を再検討されることから、始められるとよい。『擕年』の懸念が払拭された上で、『楚居』の話題にもどってみると、本文に示したように、字釈（現代字した字）に混乱があった。具体的に述べると、拙著『左伝の史料批判的研究』（一九九八年）に紹介した拙稿（『史淵』一二八所収、一九九一年三月）において、「色」（稷）と字釈（現代字化）した字がある。これを使えば、議論が混乱した『楚居』中の字は、容易に「稷」の繁体字だとみなせる。『楚居』中のこの字を、誤って「徙」と現代字化したため、『楚居』の文章が意味不明になっていた。この混乱も本来の字釈（現代字化）にすれば、懸念は払拭される。これについて気にかけられる方は、上掲拙稿を再検討されることから始められるとよい。併せて拙稿「平勢隆郎春秋戦国『年表』与其後出土的文献」「松丸道雄〝殷墟卜辞之中的田猟地――商代国家研結構研究序章〟対後代研究的影響」（いずれも『東洋文化研究所紀要』二〇二〇年二月）をご参照くだされればと思う。前者拙稿では、春秋時代に漢字圏が拡大し、同時に漢語圏が拡大する際、何に留意すべきかを示した。漢字はいくつかの偏旁（部首）を組み合わせて作字する。漢字圏拡大に際し、どの偏旁に発音を示すかの理解は、漢字がもたらされた各国ごとに一様ではなかったことが、具体的人名・地名表記で了解できる。筆者が管見するところ、漢字の偏旁と発音の関係には一貫性が欠けている。これについて一貫性があるかの誤解で臨むと結論に違いができる。清朝の説文学と近代以来の音韻学の成果は、継承議論できる。ただし、上述したように、漢字圏拡大の際の偏旁と発音の関係は多様なので、たまたま継承されただけの後代の発音を音韻学的に遡っても、必ずしも春秋時代の判断基準とならない。春秋戦国時代の混乱により戦国時代以後発音が異なってしまったものがあるようだ（出土文献と伝存文献を比較すれば了解できる）。現在の判断として発音が同じとみなすか異なるとみなすか（音韻学の流儀がある）を春秋時代の実情と誤解せず、偏旁が同じなら春秋時代には発音が同じだった可能性にも目配りしたのが、上記の拙稿になっている（偏旁が同じものをならべ、音韻学で議論される発音を付した）。

（8）検討の基本は、『左伝』に矛盾しないように、『水経注図』に比定地を示すということである。結果、この図のように比定できた。前掲注に示した八〇年代武漢の研究者、具体的には石泉・陳耀鈞両氏等の研究も、適宜組み込んで検討を進めることができる。

（9）前掲注において言及した筆者の春秋戦国年表について、参考画像を最後に示しておく。踰年称元法（君主が死去すると新しい君主はすぐには元年とせず翌年年初をもって元年を始める）は、前四世紀半ばに構想されたとするとよい。『春秋』はこのころできた（孔子の何代か後輩の学者の作）。この頃以後も、周や楚ではこの新しい制度を用いず立年称元法（君主が死去すると新しい君主はすぐに元年を始める。昭和平成方式）を使い続けた。

付図

前掲『新編史記東周年表』の春秋年表と戦国年表を俯瞰できるよう縦につなげた。

（平勢　隆郎）

第2部

東アジアにおける経済

第6章 世界経済の中のアジア

1 アジアの位置と経済的特徴

(1) アジアの位置と本章の対象

はじめに、本章で扱うアジアの位置と範囲について確認しておきましょう。みなさんは「アジア」と聞いてどのあたりの地域を思い浮かべるでしょうか。例えば、サッカーワールドカップの「アジア」予選といった場合は、日本はもちろん、韓国や中国、ベトナムなど東アジアや東南アジアに位置する国々、イランやサウジアラビアなど中東に位置する国々も含まれており、広範な範囲に及ぶ地域だと認識されている方が多いと思われます。また、ユーラシア(大陸)の語源がヨーロッパとアジアを合わせたものであることから、アジアはユーラシア

（大陸）のヨーロッパ以外の地域であると理解されている方もいるかもしれません。

世界の地域を学問的に区分する場合、地理学の視点や人種・民族的な観点からの区分が一般的です。ただし、各地域の位置や範囲については論者によって異なる場合もあり、どの地域をアジアととらえるのか、どこからが別の地域かということについては、必ずしも共通の認識があるわけではありません。

このように、アジアの位置と範囲は学問的にはっきりと定まっているわけではないのですが、この点について曖昧なまま進めるのも問題となるので、ここでは便宜的に国際連合（国連）の区分を用いて、アジアの位置と範囲を定めておきます。国連では、アジアを東アジア（ユーラシア大陸の東部の地域）、東南アジア（東アジアより南で、南アジアより東に位置する地域）、南アジア（ユーラシア大陸の南部の地域）、中央アジア（ユーラシア大陸の中央部の内陸地域）、西アジア（いわゆる中東地域）と五つの地域に区分しています。したがって、アジアとはこの五つの地域からなる非常に広範囲な地域となるわけですが、この五つの地域すべてを本章の対象として取り上げることは難しいので、ここではアジアといった場合、主に日本を含む東アジアと東南アジア（一部、南アジア）の国々を指していると理解していただいて、話を進めていきます。

(2) アジアの経済的特徴

さて、「世界の中のアジア」と題してアジアを見ていくにあたり、アジアの経済的特徴はどのようなものがあるのでしょうか。

第一に挙げられるのが、アジアは人口が多い地域であるということです。人口は社会科学における基礎的な分析単位であり、特に経済の分野では重要な意味を持っています。ここでは、現在アジアにどのくらいの人がいて、世界の中でどのような位置を占めるのかを確認しておきましょう。表6－1は、二〇二〇年時点での世界の人口トップ三〇か国（人数と比重）を示したものです。これを見ると、世界の人口で最も多いのは中国で、約一三・九億人、世界人口合計に占める比重は一八・一％となっています。第二位はインドで、約一三・三億人、その比重は一七・二％になります。このアジアの二か国が突出して人口が多い国ですが、アジアには人口一億人を超える国が多く存在しています。表6－1にしたがって見ていくと、インドネシア（二・七億人）、パキスタン（二・三億人）、バングラデシュ（一・六億人）、日本（一・三億人）、フィリピン（一・一億人）、ベトナム（一・〇億人）がランクインしています。人口トップ三〇か国のうち、実に一一か国がアジアに属する国（ここでは東アジア、

表6－1　世界の人口トップ30国（2020年）

順位	国名	人口（万人）	比重	順位	国名	人口（万人）	比重
1	中国	139,402	18.1%	16	ベトナム	10,175	1.3%
2	インド	132,535	17.2%	17	イラン	8,498	1.1%
3	米国	33,264	4.3%	18	トルコ	8,201	1.1%
4	インドネシア	27,286	3.5%	19	ドイツ	8,007	1.0%
5	パキスタン	23,343	3.0%	20	タイ	6,929	0.9%
6	ナイジェリア	21,399	2.8%	21	フランス	6,786	0.9%
7	ブラジル	21,204	2.8%	22	英国	6,573	0.9%
8	バングラデシュ	16,253	2.1%	23	イタリア	6,234	0.8%
9	ロシア	14,259	1.9%	24	タンザニア	6,036	0.8%
10	メキシコ	12,884	1.7%	25	ミャンマー	5,660	0.7%
11	日本	12,514	1.6%	26	南アフリカ	5,643	0.7%
12	フィリピン	10,917	1.4%	27	ケニア	5,351	0.7%
13	エチオピア	10,811	1.4%	28	韓国	5,158	0.7%
14	エジプト	10,411	1.4%	29	コロンビア	4,983	0.6%
15	コンゴ民主共和国	10,177	1.3%	30	スペイン	4,727	0.6%

（注）比重は、世界計の人口（76.9億人）を100%としてそれぞれの割合を算出。
（出所）U.S. Census Bureau, "International Data Base" より作成。

東南アジア、南アジアに位置する国のみ）であり、その比重は五〇・七%を占めています。

人口が多いということは、経済の視点から見るとどのような意味を持っているのでしょうか。それは経済活動をする主体が多く存在しているということです。経済活動には、働いて生産に従事すること、賃金を得ること、モノやサービスを購入して生活をすること、結婚して子供を育てることなどが含まれます。したがって、経済活動をする主体が多ければ多いほど、経済活動の規模は大きくなるわけです。

第二は、アジアの経済規模は世界の中

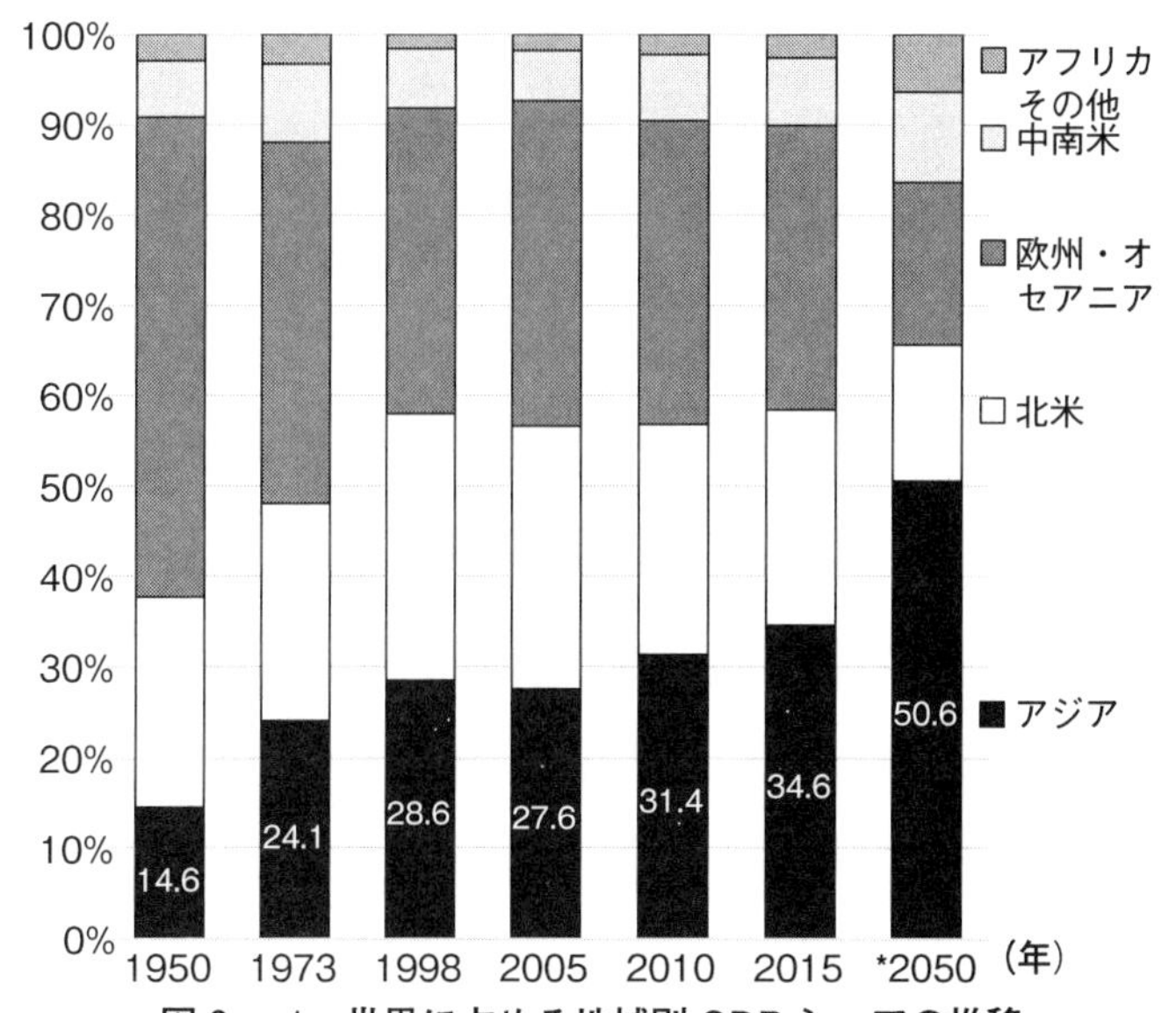

図6－1　世界に占める地域別GDPシェアの推移

（注）　*2050年のデータは予測。
（出所）　末廣昭（2014）『新興アジア経済論』岩波書店、22ページ。

で大きく、長期的に増大傾向にあるということです。この特徴は第一の特徴とも関連しています。図6－1は、世界に占める地域別GDPのシェアの推移を長期的に見たものですが、これを見るとアジアの経済規模が長期的に拡大していることが分かります。一九五〇年時点では、アジア地域のGDPシェアは一四・六％でしたが、一九九八年には二八・六％にまで増大し、そして二〇一〇年には三一・四％と、世界のGDPの三割をアジア地域が占めるまでになりました。この増大傾向はその後も続くと予測されており、二〇五〇年には世界のGDPのおよそ半分をアジア地域が占めることになるとされています。

第三に、アジアには二一世紀に入って急速に経済成長を果たした国々が多いということです。表6－2は、二〇〇〇～二〇一八年までの経済成長率（年平均実質GDP成長率）の比較をしたものです。これを見ると、全世界（平均）の年平均実質GDP成長率は二・九％、先進国（平均）で一・七％であったのに対して、東南・東アジア&太平洋（高所得国を除く）地域では、平均八・二％と高いことが分かります。東南アジア、東アジアの個々の国々の成長率をみても、全世界（平均）や先進国（平均）の二～三倍の成長率になっています。つまり、それだけ急速に経済が成長してきたとみることができます。

以上のように、アジア地域を

表6－2　経済成長率の比較

	年平均成長率（2000～2018年）
全世界	2.9%
先進工業国	1.7%
G7	1.5%
日本	0.8%
ユーロ圏	1.2%
東南・東アジア&太平洋地域（高所得国を除く）	8.2%
ミャンマー	9.7%
中国	9.2%
カンボジア	7.6%
インド	6.7%
ベトナム	6.4%
フィリピン	5.5%
インドネシア	5.3%
マレーシア	4.9%
タイ	4.0%

（注）2000～2018年の年平均実質GDP成長率を算出。
（出所）World Bank, “World Development Indicators” より作成。

経済の視点から見ていくと、人口が多く、経済規模は増大傾向にあり、経済成長著しい国が多く含まれているという特徴があることが分かります。

2 アジアと日本―貿易にみる経済的なつながり―

ここからは、アジアの中の日本がどのようにアジアの各国とつながっているのか、特に経済的なつながりを中心に見ていきます。経済的なつながりといっても多くの側面がありますので、ここでは貿易の側面に着目してみていきます。ここで取り上げる主な貿易品目は、農林水産物、アパレル製品、自動車の三つです。

(1) 農林水産物

まず、農林水産物から見ていきます。農林水産省が公表している『農林水産物輸出入概況』(二〇二〇年)で、日本の農林水産物の貿易相手国・地域をみると、輸出では一位:香港(二〇六六億円)、二位:中国(一六四五億円)、三位:米国(一一九二億円)、四位:台湾(九八一億円)、五位:ベトナム(五三五億円)となっており、輸入では一位:米国(一兆五五七八

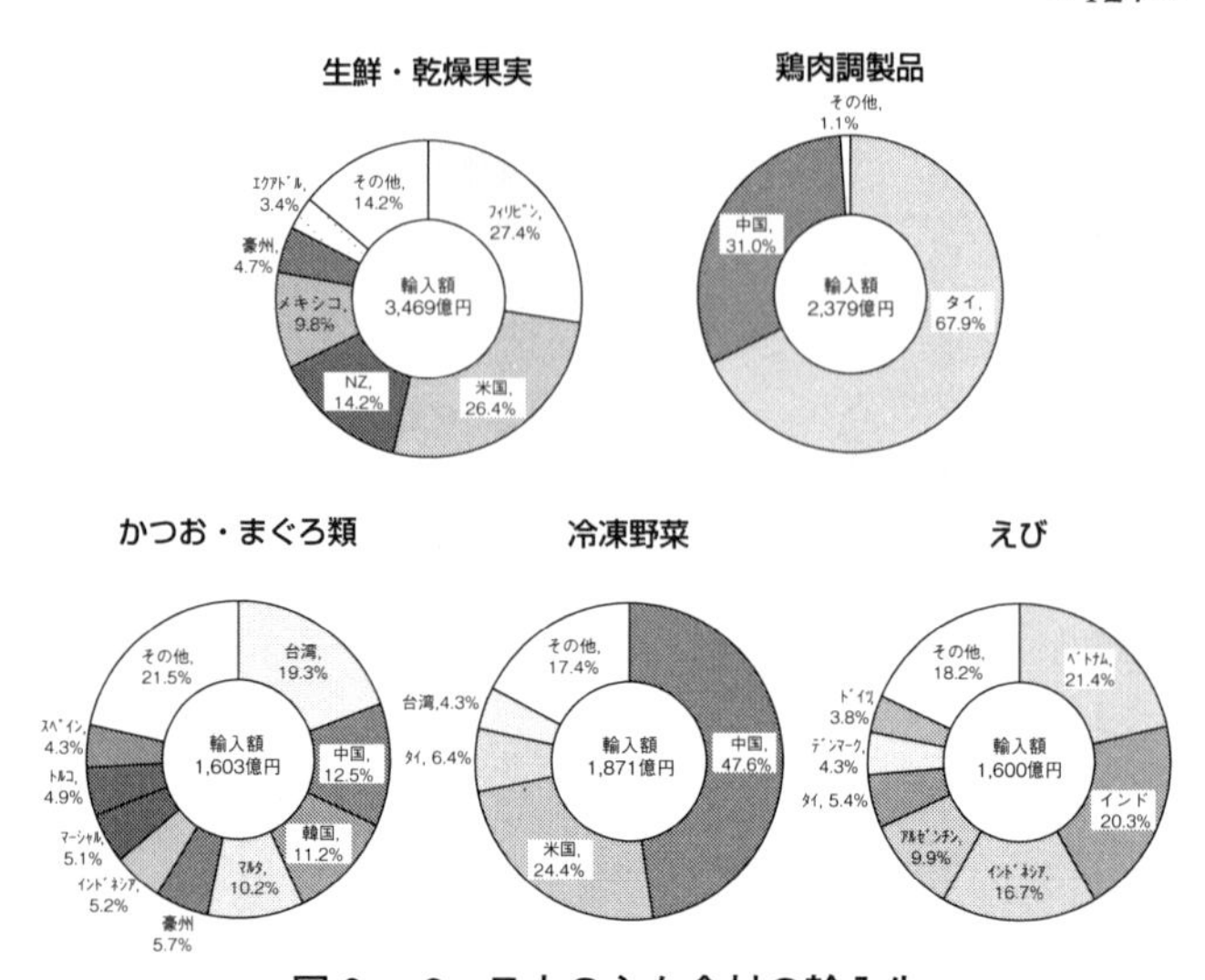

図6－2　日本の主な食材の輸入先

（出所）　農林水産省『農林水産物輸出入概況』（2020年）、8～9ページ。

億円）、二位：中国（一兆一九〇八億円）、三位：カナダ（五一九三億円）、四位：タイ（五一九三億円）、五位：オーストラリア（四五四三億円）となっています。つまり、日本の貿易相手国トップ五か国だけをとってみても分かるように、日本はアジアの国々との貿易を通じた経済的なつながりが強いということが分かります。特に、食料自給率が比較的低い日本はアジアの国々から多くの農林水産物を輸入しており、特定の品目によっては日本で消費されるほとんどの量を輸入している状況があります。

　では、日本はどのような農林水産物

を輸入しているのか、具体的に見ておきましょう。図6－2は、二〇二〇年の日本の主な食材の輸入先を見たものです。例えば、生鮮・乾燥果実では、日本の輸入総額のおよそ四分の一以上をフィリピンから輸入し、冷凍野菜では中国からの輸入がその半分近くを占めています。また、鶏肉調製品では、ほとんどをタイ（六七・九％）と中国（三一・〇％）から輸入していることが分かります。日本のコンビニエンスストアなどで、販売されている「〇〇チキン」などのから揚げ製品は、こうした輸入品で賄われていることが多いようです。えびに関しては、村井吉敬著『エビと日本人』（岩波新書、一九八八年）で紹介されているとおりですが、二〇二〇年時点でもベトナム、インド、インドネシア、タイなど東南・南アジアに位置する国々からの輸入が多いことが特徴です。

このように、日本で消費される食料品のなかには、アジアの国々から輸入されているものも多く含まれており、身近なところから経済的なつながりを認識することができます。

(2) アパレル製品

続いて、アパレル製品（衣服やニット製品、スポーツウェア、下着など）を見ていきましょう。アパレル製品を通してアジアとの経済的なつながりを確認するには、その製品についているタグを見ることが手っ取り早い方法です。みなさんがいま身につけている衣服のタグを見てもらうと、「〜〜製」、「Made in 〜〜」という表記に気付くでしょう。一例として、私が身につけているTシャツや下着などのタグを見ると、「フィリピン製」であるとか「Made in China」、「カンボジア製」、「ベトナム製」など、アジア諸国で生産されているものが多く見受けられます。

アパレル製品はファッションでもあるので、みなさんも好きなブランドやデザイン、または素材の品質などで選んで購入されると思いますが、たとえ日本やヨーロッパの国のブランド商品であったとしても、生産国はアジアであることが多いのです。それはなぜなのでしょうか。これは明らかに経済の論理で説明することができます。アパレル製品も製造業製品の一種であり、価格競争に巻き込まれざるを得ません。つまり、その製品をいかに安く作れるのか、それが可能な場所はどこか、という経済の論理が働くのです。

経済史を紐解くと、アパレル製品の主要な生産国は時代とともに変遷をたどってきました。一八世紀半ばから一九世紀には産業革命が最初に起こった英国が主な生産国（輸出国）でしたが、その後、織機などの技術の普及とともに主な生産国は米国へ移りました（二〇世紀に入ると、米国の中でも北部から南部に移り変わりました）。そして第二次世界大戦前後から日本が主な生産国となり、その後台湾や香港、韓国など東アジアの国に移り、二一世紀初頭には中国が最大の生産国になっています。このあたりは、ジョージタウン大学のピエトラ・リボリ教授による『あなたのTシャツはどこから来たのか？』（東洋経済新報社、二〇〇六年）に詳しいので、関心のある人は参照してください。そして、二一世紀に入ってからも、アパレル製品の主要な生産国は中国に固定化されているわけではなく、ベトナムやインドネシア、バングラデシュなどに、徐々にですが移り変わっているのです。

(3) 自動車産業

最後に、自動車産業を通して、日本とアジアのつながりを確認します。自動車産業は日本を代表する主要産業の一つであり、また主要な輸出品目の一つでもあります。それは日本の自動車組立メーカーが他の国と比べても多いことや、関連する取引企業も多く裾野が広い産業でもあることから明らかです。

自動車産業は日本の主要産業の一つですが、その生産には非常に多くの部品が使われ、その多くが海外から輸入されていることはご存知でしょうか。一般に、自動車一台を製造するために必要となる部品は約三万個に上ると言われていますが、その部品の多くは日本国内の部品メーカーや下請け会社から調達しているだけではなく、海外の部品メーカーや日本の部品メーカーの海外工場などからも調達が行われているのです。つまり、日本で自動車一台を製造することの裏側には、グローバル・サプライチェーン（世界的な供給網）が存在し、それに基づいた生産が行われているのです。

こうしたグローバル・サプライチェーンを身近な問題として認識できたのは、コロナ禍での国内自動車メーカーの工場の操業停止ではないでしょうか。二〇二〇～二一年にかけて、新型コロナウイルスの世界的な蔓延により、海外の部品工場で操業ができなくなったため、そこから部品を輸入している国内の自動車メーカーも工場の操業停止ないしは減産を余儀なくされました。

このように、自動車産業は日本の主要な産業と言っても、アジア各国との経済的つながりのなかで成り立っているものであり、こうした国際的な分業関係が現在では当たり前の状況になっていることを認識する必要があります。

3　アジアの経済的相互依存関係―エレクトロニクス産業の分析から―

ここでは、アジアの経済的相互依存関係をエレクトロニクス産業の分析を通して見ていきます。エレクトロニクス産業とは、パソコン、スマートフォン、同関連部品など電子・電気機器を生産する産業です。それがアジア地域とどのようにかかわっているのかということを事例として取り上げながら、その経済的な相互依存関係の内容を確認します。

(1)　エレクトロニクス産業とアジア地域

まず、アジア地域とエレクトロニクス産業の関係を確認しましょう。表6－3は、二〇一八年時点の主要なエレクトロニクス製品（液晶テレビ、DVD/Blu-ray プレイヤー・レコーダー、スマートフォン、パソコンなど）の生産拠点を示したものです。この表では、世界の生産量を一〇〇％としたときに、それぞれの生産拠点の立地で生産されているものが何％かということを示しています。これを見ますと、主要エレクトロニクス製品の生産拠点は、アジア地域に一極集中しており、特に中国に集中していることが分かります。例えば、スマートフォ

表6－3　主要エレクトロニクス製品の生産拠点

（単位：%）

	世界生産量（万台）	生産拠点の立地										
		アジア計	内訳						北米	中南米	欧州	その他世界
			日本	中国	台湾	韓国	ベトナム	その他アジア				
LCD-TV	230,300	62%	0.2%	49%	0%	1%	2%	10%	0%	20%	14%	4%
DVD/Blu-ray プレイヤー	39,800	99%	0%	86%	0%	0%	0%	12%	0%	1%	1%	0%
DVD/Blu-ray レコーダー	2,400	98%	0%	83%	0%	0%	0%	16%	0%	0%	2%	0%
デジタル一眼レフカメラ	10,650	99%	25%	9%	26%	0%	10%	30%	0%	1%	0%	0%
スマートフォン	1,420,000	96%	0.2%	65%	0.1%	1%	11%	19%	0%	2%	0%	1.7%
ノート型PC	164,200	96%	2%	93%	0%	0%	0%	1%	0%	4%	0%	0%
タブレット	160,000	97%	0.1%	78%	1%	0%	14%	4%	0%	2%	1%	0.6%
PCモニタ	117,200	81%	1%	78%	0%	0.4%	1%	1%	0%	13%	6%	0.1%
複写機／複合機	4,150	99%	1.6%	79%	0%	0%	3%	15%	0.2%	0%	1%	0%

（注）2018年実績。
（出所）富士キメラ総研『2019ワールドワイドエレクトロニクス市場総調査』より作成。

ンでは、二〇一八年の世界の生産量の六割（六五％）が中国で生産されているほか、DVD/Blu-rayプレイヤー・レコーダー、タブレット、PCモニタ、複写機／複合機では、中国での生産が八割となっています。ノートPCに至っては中国の割合が九割（九三％）となっていて、世界の生産量のほとんどを中国が生産しているかたちになります。ただし、ここで注意してほしいのは、中国での生産はかならずしも「中国の地場企業」の生産ではないということです（この点は後ほど説明します）。

　こうした主要エレクトロニクス製品の生産における中国への集中化は、二一世紀に入ってから進んできた現象です。二〇〇〇年時点のエレクトロニクス製品の生産拠点をみますと、この時点においてもアジア地域に集中化していたわけですが、決して中国だけに集中しているわけではなく、日本や韓国、台湾、その他アジアの国々に生産拠点は分散化していました。ところが、先ほど表6－3で確認しましたように、二〇一八年時点では中国に一極集中化するかたちになっています。それがどのようなメカニズムで生じた経済現象なのかについて、次に見ていきます。

(2) 国際分業に基づく生産

中国での生産拠点の集中化は、国際分業に基づく生産が拡大してきた結果、生じてきた現象として理解することができます。これをみるために図6－3を見ていきます。この図は、「三角貿易」構造を示したものです。「三角貿易」構造とは、アジア域内の間で中間財や資本財の国際分業が行われ、そうした中間財や資本財を利用して中国で消費財が製造・加工され、それが消費地のアメリカやEUに輸出される貿易構造を意味しています。

先ほど確認した中国での生産が集中化している背景には、このような国際分業関係が存在し、そのなかで中国は生産と輸出を増大させてきたのです。この「三角貿易」構造のなかで、東アジア域内では、工程間の分業が進展していきました。これを端的に示したものが、図6

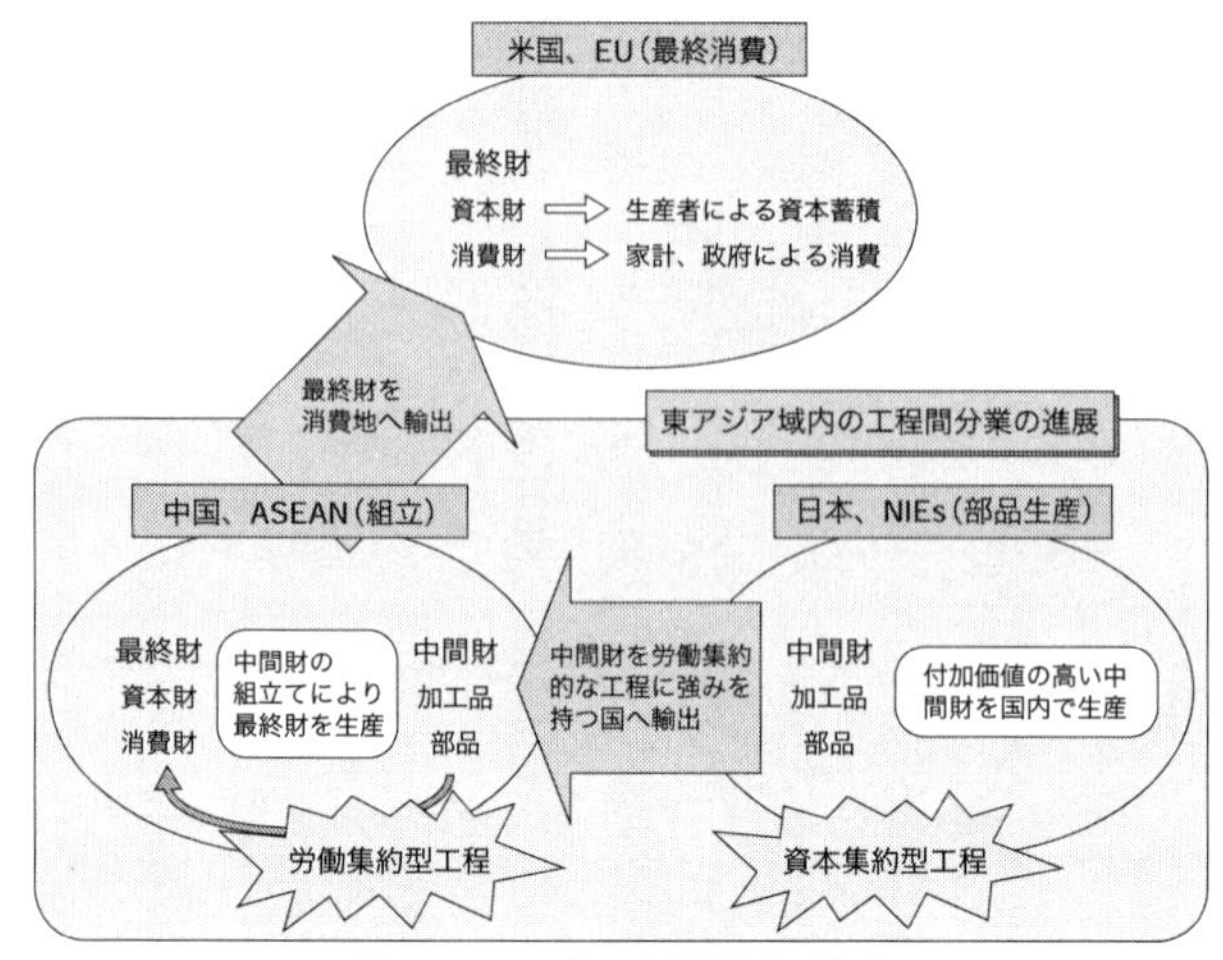

図６－３「三角貿易」構造

（出所） 経済産業省『通商白書2005年版』167ページ。

－４になります。この図は、アジア、北米、ＥＵ地域（一五か国）における生産段階別財貿易の推移（一九九〇～二〇〇九年）を見たものです。ここでいう生産段階別財貿易とは、貿易財を生産段階別で区分したもので、ここでは素材、加工品、部品、資本財、消費財の五つに区分されます。この図から読み取ることのできるアジア地域間における貿易の特徴は、中間財（加工品＋部品）、特に部品の割合が他の地域に比べて高く、またその割合が増大していることです。このことは、アジア地域では他の地域に比べて、工程間の国際分業が活発に行われていることを示唆しています。まとめると、「三角貿

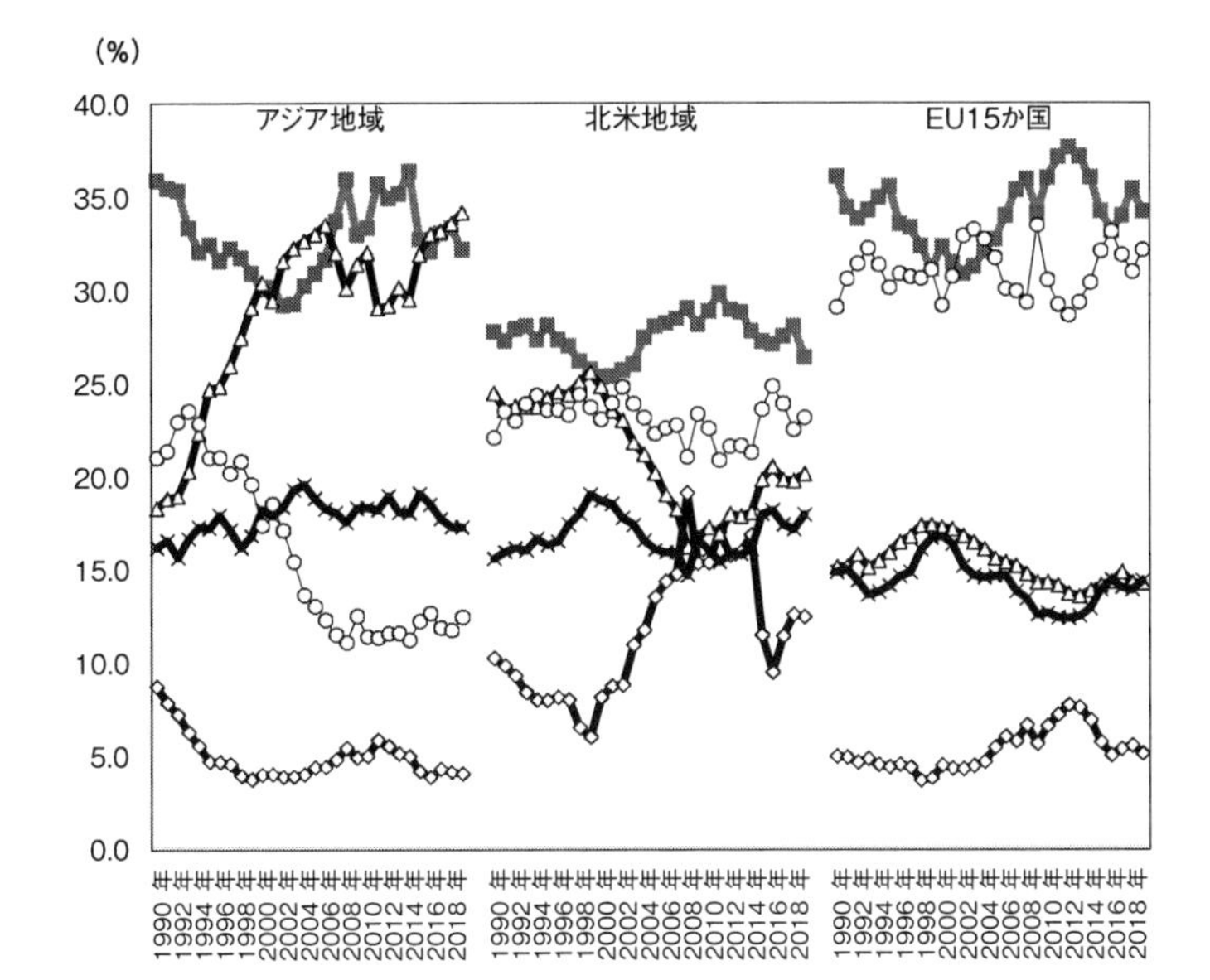

図6－4　アジア、北米、EU 地域における生産段階別財貿易の推移（1990～2019 年）

（注）　アジア地域：日本、中国、香港、台湾、韓国、シンガポール、タイ、マレーシア、インドネシア、フィリピン、ベトナム、ブルネイ、カンボジア、インド。

（出所）「RIETI-TID2019」より作成。

易」構造のなかで、中国は生産加工・輸出基地としての役割を主に担っているわけですが、それは中国がアジア域内の生産構造と域外の需要をつなぐいわば「窓口」の役割を担っていることをも意味するということです。それはまた中国の工業化にもかかわっていました。

それでは三角貿易

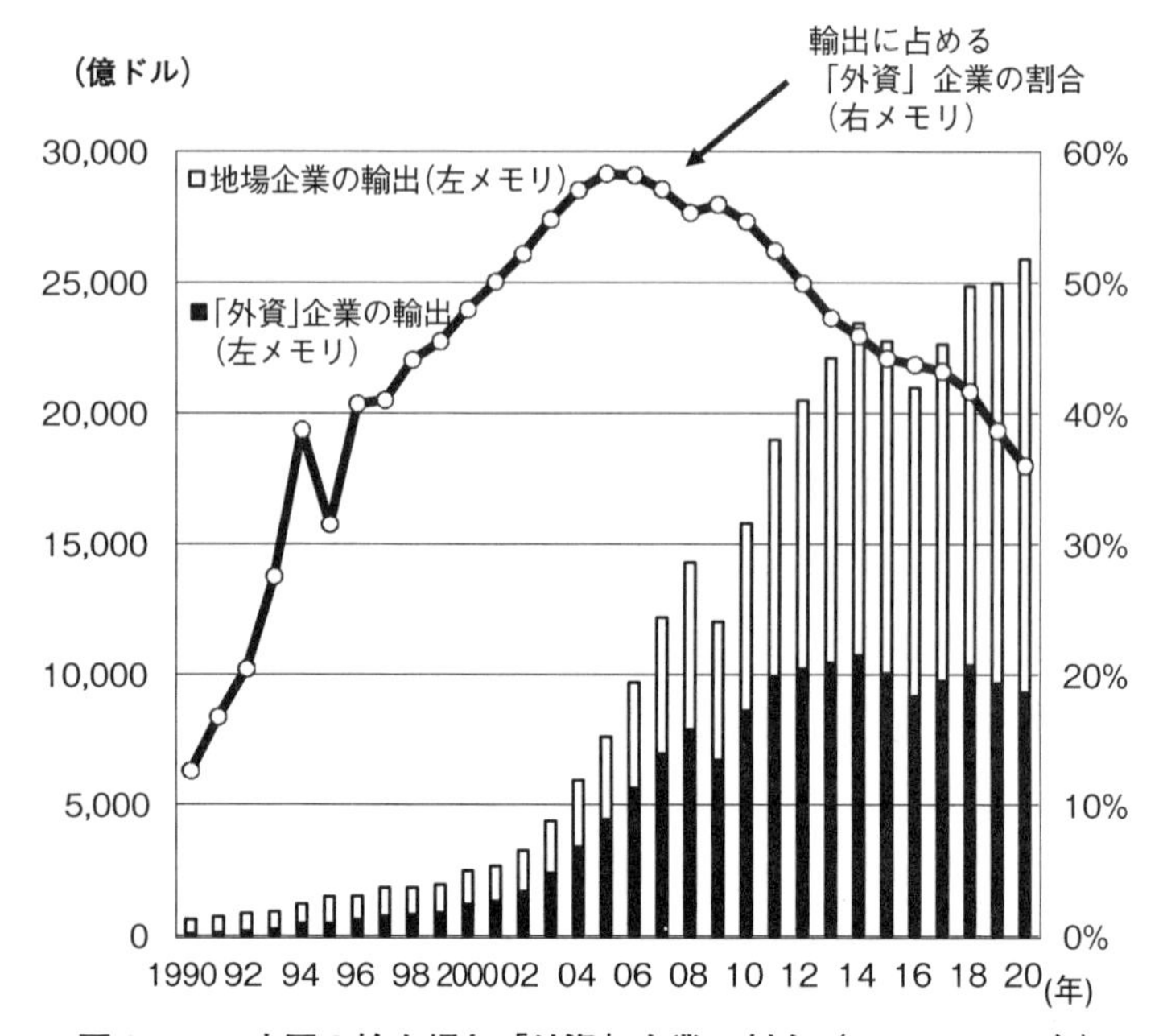

図6－5　中国の輸出額と「外資」企業の割合（1990～2020年）

（注）「外資」企業には、中外合作企業、中外合弁企業、外資独資企業が含まれる。

（出所）『中国海关统计』より作成。

構造のなかの生産加工・輸出基地として中国において、誰が生産し、誰が輸出しているのでしょうか。次にこの点を見ていきましょう。図6－5は、中国の輸出額と外資企業の割合を示したものになります。これを見ると、中国の輸出額は二一世紀に入ってから急速に増大していったことが分かります。そのなかで、「外資」企業（中外合作企業、中外合弁企業、外資独資企業が含まれる）が大きな役割を果たしてきたことが、この図から読み取れます。輸出に占める「外資企業」の割合を確認すると、一九九〇年時点では一二・六％でしたが、二〇〇一年には五〇・一％と輸出額の半分を占めるに至り、二〇一〇年には五四・六％にまで増大しました。その後、地場企業による輸出額の増大が見られたことから「外資企業」の割合は低下傾向にありますが、二〇二〇年時点でも三六・〇％を占めています。

中国の輸出を担う「外資」企業とは具体的にどのような企業なのでしょうか。中国商務部の資料「中国輸出企業上位二〇〇社リスト」によると、二〇一八年時点で輸出額のトップはFoxconn/Hon Hai グループ（鴻富锦精密电子（郑州）、深圳富士康公司、鴻富锦精密电子（成都）、富士康精密电子（太原）、深圳富桂精密工业など）で、台湾のEMS（Electronics Manufacturing Services: 電子機器の受託生産を行うサービス）企業になります。また、Quanta（达丰（上海）电脑、达富电脑（常熟）、达丰（重庆）电脑など）、Pegatron（昌硕科技（上海）、世硕电子（昆山）など）、Compal（仁宝资讯工业（昆山）、吉宝通讯（南京）など）、Wistron（纬创资通（中山）、纬创资通（重庆）など）も台湾のEMS企業です。そのほかに、米国の企業（Dell: 戴尔贸易（昆山）有限公司、戴尔（成都）有限公司など、Intel: 英特尔产品（成都）有限公司、英特尔贸易（上海）有限公司など）や韓国（Samsung: 惠州三星电子有限公司、三星（中国）半导体有限公司など）、日本の企業（Fuji Xerox: 富士施乐高科技（深圳）有限公司、Canon: 佳能（苏州）有限公司）も輸出企業上位二〇〇社のリストに含まれています。

こうした国際分業に基づいた生産を典型的に示しているのが、アップル社の「iPhone」の生産です。同社は、スマートフォンやＰＣなどの製品を販売していますが、それらの製品の多くは自社で製造するのではなく、自社の設計した部品を世界中の専門メーカーに生産委託し、最終組立も中国に立地するＥＭＳ企業にアウトソーシングする戦略をとっています。よく知られているように、「iPhone」や「iPad」などの製品の裏側には、“Designed by Apple in California Assembled in China”という文字が印字されており、上記の戦略が明示されたものとして理解できます。この点についてより詳しく知りたい方は、渋谷博史・河﨑信樹・田村太一編『世界経済とグローバル化』（学文社、二〇一三年、第三章）や中本悟・松村博行編『米中経済摩擦の政治経済学』（晃洋書房、二〇二二年、第二章）を参照ください。

（3）経済的相互依存の深化とインプリケーション

最後に、アジア地域の経済的な相互依存関係が深まっていく中で、それはどのような意味を持っているのか、特に本寄付講座のテーマである「アジア共同体」の可能性に関連して、触れておきます。より具体的に言い換えると、アジア地域の経済的相互依存が深化することは、国家間関係を極度に悪化させない防波堤になりうるかということです。この問いに対する答えを出すことは難しいわけですが、一つには、アジア地域において、国際分業に基づく生産が広範に行われており、それは経済の原理に基づいて形成されています。こうした国際分業が形成され、またそれが拡大しているということは、これがうまく機能しないと商品の生産や貿易がストップしてしまうことを意味します（第二節で取り上げた自動車産業の事例を思い出してください）。したがって、経済的な結びつきのつながり度合いが強くなればなるほど、国家間関係を極度に悪化させないほうが経済活動を拡大できることになるので、その意味で、アジア地域の経済的相互依存関係の深化は国家間関係を悪化させない防波堤の役割を担うと言えます。

ただし、国家間にまたがる経済関係は決して固定されているものではなく、経済は動いているために、新しい経済関係が生じてきたときには、新たな対立が生まれてくることになります。特に、新しい産業分野では企業間競争が熾烈に行われていますし、新技術が多く使われている分野においては、知的所有権をめぐる抗争も広範に見られます。そのために、経済的な相互依存関係が深まる中で、新たな経済的な関係が国家間関係における防波堤の役割を掘り崩すことも見られるわけです（二〇一八年以降の米国と中国との間に見られる「貿易戦争」や半導体をめぐる対立は、その代表例と言えるでしょう）。

いずれにしましても、この問題は長期的に考えていく検討課題だと思いますので、本章をお読みになってみなさんはどう思うのか、またどのように考えるのか、を議論してもらえればと思います。

（田村　太一）

第7章

近世・近代 東アジアの農地開発
―中洲開発のビジュアルな復元―

はじめに

本章では第一に、〈稲穂が波打つ、平野部の平坦な水田〉という景観は、中国で、また日本で、いつ誕生したかについて概述する。その主旨は、「沖積平野、特にデルタの低湿地が開発されると、人が住み、農業を営むことができる生産・生活空間の拡大をもたらす。そして扶養できる人口数を増加させて人口パターンの変容ももたらす。その結果、中国や日本における歴史上の画期のひとつとなる」である。なお本章では、開墾の語を「荒地を耕地に整備すること」、開発の語を「開墾に加えて、耕地の外側に堤防や水路などのインフラを整備すること（開墾＋インフラ整備）」の意味で用いる。

沖積平野、特に広大で平坦なデルタの開発には、堤防や灌漑・排水路などのインフラを微地形に応じて設計・施工する技術が求められるだけでなく、開発に必要な資金・資材・労働力も大きくなる。そのため、開発地の地主だけでなく、開発地に入植予定の農民が資金・資材・労働力を負担することもある。その結果、日本で「永小作」、中国で「一田両主制」と呼ばれる慣行が生まれることがある。そこで第二に、「一田両主制」について概述するとともに、入植農民が大きな役割を演じた事例を紹介する。

第三に、水田ではなく、畑が造成される事例であるが、荒地が十数年のあいだに耕地に変貌し、同時に堤防等のインフラが整備されていく開発過程を、大縮尺の地形図や空中写真を用いてビジュアルに復元する。中国を対象に地形図や空中写真を用いて開発過程を復元するのは本章が世界初の試みである。

1 東アジアにおける人口と低地開発

（1）中国

漢代から唐代まで約一千年間、戦乱による一時的減少はあるが、中国の人口数の上限は、華北三五〇〇万人、華中・華南二五〇〇万人、計六〇〇〇万人で安定していた（表7－1）。なお華北は、梅雨のない北海道と同じ乾燥地帯で、耕地の大部分は畑である。他方、華中・

表7－1　中国の人口と東アジアの低地開発

時代	世紀	人口（億人）	中国の人口	東アジアの低地開発
漢代	BC3-3	0.6	人口数安定のパターン（戦乱により一時的減少）	
唐代	7-10			10世紀、長江下流デルタで低地開発が本格化し、その技術が長江中流、珠江デルタ、ベトナム、近世日本へ移転
北宋	12	1	10世紀、人口数増加のパターンに転換	
明初	14	0.8	（元末の戦乱で減少）	
明末	17	2	新大陸の作物流入	近世日本で新田（低地）開発と人口増加
清末	19	4	18世紀に人口爆発	
1949年		5.4	1979年「一人っ子政策」開始	
現在		14	2014年以降「一人っ子政策」緩和	

（出所）　筆者作成。

華南は、本州以南と同じモンスーン地域で水田稲作が可能である。ただし水田の多くは台地や支谷、あるいはデルタ内の丘陵にあるだけで、デルタの大部分を占める低湿地は未開墾であった。

　しかし唐末の九世紀、長江下流デルタにおいて低地開発が始まり、一〇世紀に水田の造成が本格化して〈稲穂が波打つ、平野部の平坦な水田〉という景観が生まれていく（表7－1）。この低地開発の技術は長江中流、珠江デルタ等にも移転され、中国で水田造成が進むとともに、近世日本にも移転されて江戸時代を中心に「新田開発」が進んでいく。

　中国の人口規模は約六〇〇〇万人で安定していたが、北宋の一〇世紀に人口増加のパターンへ転換し、このパターンが二〇世紀まで続く（表7－1）。そして耕地面積の増加速度が落ち、人口一人当たりの耕地面積が減少しても、二毛作化や集約化で単位面積当たりの収量増加を図り、また開発地や移民先を華南や台湾、さらに東南アジア等に求めていく（華僑の誕生）。かくして、男子兄弟間での均分（分割）相続の慣行は継続し、単独相続制に移行することはなかった。また「一人っ子政策」を除き、政府が人口抑制策を採ることもなかった（第1節（1）については、渡部・桜井編、一九八四、第二・三章、濱島、一九九〇、参照）。

（2）近世日本

一六世紀までの中世日本では、デルタ内の低湿地は未開墾であった。しかし江戸時代の一七世紀になると、幕府や藩が中心となって低湿地を開発し新田（特に水田）を造成していく（表7－1）。そして人口も増加していくが、耕地も増加するので、分割相続や分家創出も可能であった。だが一七世紀末になると、新田開発の速度が鈍化し、一人当たりの耕地面積が減少していく。そして農家経営の零細化を防ぐために、単独（長子）相続制に移行してイエ制度が成立したり、村内の農家数を固定化する本百姓株が設けられたりするようになる（斎藤、一九八八、速水・宮本、一九八八）。これは、均分相続が続いた中国と異なる点である。

さて、河川の中洲や河川敷は「堤外地」と呼ばれる。堤外地に生えるアシやそこに造成される田畑は川幅を狭くして水の流れを妨げ、水害を起こりやすくする。堤外地の利用に関する江戸幕府の方針は必ずしも一定していなかったが、一七二二年に享保改革の一環として新田開発奨励策（＝年貢増徴策）が採られ、堤外地の開発が進む。堤外地の開発によって水害の危険性が増大するが、幕府は堤防を強化することで対処していく（村田、二〇〇九）。

2　中国の「一田両主制」と日本の「永小作」

宋代一〇世紀～二〇世紀前半における、〈堤防等のインフラ整備を必須とする農地開発に よって「一田両主制」が生まれてくるプロセス〉について、代表的な研究者である草野靖氏の成果（草野、一九八九）等を平易な形で説明すると、次になる。

ある地主が、自身の所有する広大な荒地（価値α）を開発するとき、①インフラ整備と耕地本体の開墾とを含む開発全体の企画・設計・施工、ならびに入植農民の募集は、地主側（地主ないし地主から開発を請け負った開発専門業者）が行う。②開発に必要な資金・資材の調達や専門的な技術者・労働者の雇用も地主側が行う。一九二〇年代くらいまでは以上が基本であった。ただし、開発地に入植する予定の農民と地主側とのあいだの相談・契約にもとづき、農民が開発のための資金・資材・労働力を提供することがある。たとえば、③インフラ整備のための労働に従事する、④インフラ整備に必要な資金の一部を、入植の保証金として前納する、⑤荒地を耕地に整備する開墾は農民が自力で行う、等である。そして③～⑤等の貢献に対して、地主側は農民に「田面（でんめん）」権を付与し、自身には「田底（でんてい）」権を残す。地主側が投下した資金・資材・労働力の価値をβ、入植農民のそれをγとすると、田底権の価値は$\alpha+\beta$に近く、田面権の価値はγに近くなる。

ここで田底権と田面権を、便宜的にではあるが、西欧近代の〈所有権〉概念で説明しておこう。〈所有権〉は〈使用権＋収益権＋処分権〉から成る。田底権者（実体としては不在地主）の権利と義務は、①耕地の使用権はない、②田面権者から小作料（地代 rent）を徴収する収益権をもつ、③収益権を他者に譲渡・売却する処分権をもつ、④政府に土地税 tax を納める義務がある、となる。田面権者（「佃戸（でんこ）」）の権利と義務は、①耕地の無期限の使用権をもつ、②使用権を用いて耕作し、収穫を得る権利（収益権）をもつ、③使用権・収益権を他者に譲渡・売却する処分権をもつ、④田底権者に小作料を納入する義務がある、となる。田底権者の取り分（小作料）と田面権者の取り分は、$\alpha+\beta$とγの比率で決まってくる。

なお一田両主制では、田面権者がみずから耕作する場合と、田面権を保持したまま田面権者が第三者に「又小作」に出し、その第三者から小作料を徴収する場合とがある。小作料を徴収する後者のような田面権者は、中国の土地改革で「二地主（にじぬし）」と呼ばれた。

一田両主制に類似する慣行として、日本の「永小作」がある。永小作慣行は江戸時代の新田開発の際に生まれたもの（「開墾永小作」）が多い。田底権に相当するものは「底土権（そこつち）」等と呼ばれ、田面権に相当するものは「上土権（うわつち）」等と呼ばれた。一八七三（明治六）年に始まる地租改正は、永小作慣行を廃止し、西欧近代的な「一地一主」制（一筆の土地の所有者を一人に限る）の確立をめざした。そして底土権者と上土権者とのうち、いずれかを唯一の土地所有者（「一主」）にしようとしたが不徹底に終わり、永小作慣行は部分的に残存した。しかし一八九八（明治三一）年施行の民法は永小作慣行の期間を最長五〇年に限ったので、一九四八年には消滅した（小野、一九二四、第一～三章）。

3　長江下流、江心洲の開発

(1)　活水洲開発史のビジュアルな復元

南京付近の長江には、八卦洲や江心洲などの中洲が散在している。長江下流地域において、

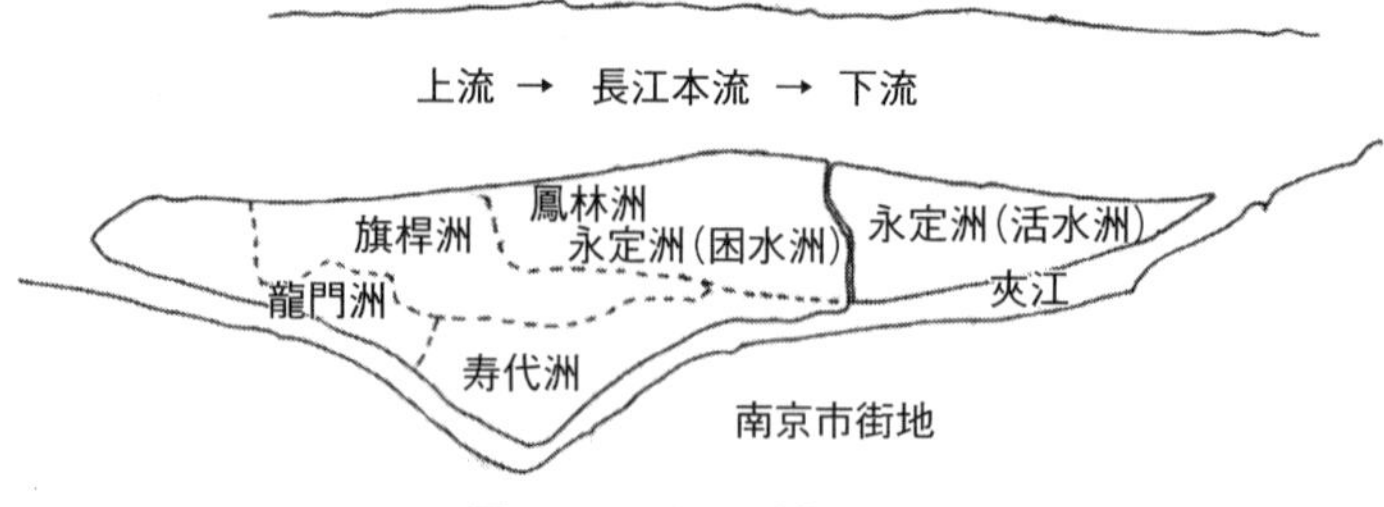

図7−1　江心洲概念図

（出所）　片山編、2017、356ページ、図V-3-2を転載。

開墾可能な土地の多くは一九世紀までに開墾されていたが、南京付近の中洲の多くは未開墾であり、開墾可能な最後の土地のひとつであった。ただし南京付近に堆積する土砂の土質の関係で、水田にはならず、畑にしかならない。

このうち江心洲（図7−1）は、長さが一二キロ、幅は最も広い所が二・五キロで、平均すると一・二五キロである。また西側の長江本流の幅は二・五キロ、東側の夾江の幅は〇・六キロである。一九五一年の面積は一四・三平方キロ、人口は六七三八人であったが、一九九九年の面積は一五平方キロ、人口は約一万一九〇〇人になっている。上流から下流に向って龍門洲・旗桿洲・寿代洲・鳳林洲・永定洲の五洲が順次に形成されたので、各洲の開発時期は異なっている。最下流部の永定洲は、さらに上流側の困水洲と下流側の活水洲とに分かれ、一九二八年以降に開発されていく。

活水洲については、その開発過程をビジュアルに復元し、加えて一田両主制が生まれてくる理由を文字史料で考察することができる。その意味で希少で貴重な事例である。そこで、以下では主に活水洲の歴史を紹介する。

困水洲と活水洲から成る永定洲はアシが自生する荒地で、計一六株の株主たちが共同所有していた。アシは南京市民の貴重な燃料源で、株主たちはアシを収穫する権利を入札にかけ、その落札金を収入としていた。また永定洲の中央部に広がる窪地を長江増水時における遊水池として利用していた。そのため株主たちは永定洲の開墾には反対であった。

しかし人口増加と分割相続によって、農民一人当たりの耕地面積は減少していくので、農民は開墾可能な土地を求める。かくして一九二八年、龍門洲・旗桿洲・寿代洲・鳳林洲で耕作に従事していたと推測される農民たちが、困水洲の開墾を株主たちに無断で始める。株主たちは開墾を阻止しようとしたが、農民たちの勢いを止めることはできなかった。農民たちはさらに活水洲を開墾しようとしたが、これは株主たちの反対でひとまず阻止された。

ここで一九二九年九月空中写真（図7－2）を見よう。上流側（左側）の困水洲と寿代洲では土地が直線的に区画されており、すでに開墾が始まっている。一方、下流側（右側）の活水洲には人工物がまったく見えず、未開墾である。なお活水洲は、それまでは一六株の株主たちによる共同所有であったが、一九二九年九月に株数の一六に照らして一六個の区画（第

図7－2　1929年9月空中写真

（出所）　片山編、2017、367ページ、図V-3-3と図V-3-4を転載。
原画像は空中写真のモザイク図。下は活水洲と困水洲の境界付近を拡大したもの。
原画像は、1929年9月アメリカ軍撮影、アメリカ議会図書館蔵、小林茂氏提供。

一～一六号）に分割され、一株をもつ株主が一区画（約二七ヘクタール）の地主になり、各地主が自己の所有地を管理することになった。

次に一九三二年地形図（省略）によると、活水洲のうち、河岸に近く地勢の高い場所では一部が耕地になっており、すでに開墾が始まっている。しかし中洲の中央部を中心に、地勢の低い場所は荒地のままである。また堤防や排水路はまだ見えない。

続いて一九三六年地形図（図7－3）を見よう。第一～一一号では、一九三二年に比べて耕地が増加し、直線の人工的な排水路が延び、そして断続的ではあるが長江本流沿いに堤防が築かれている。ここで文字史料を参照すると、堤防のある箇所は、無断で開発を進める農民たちの勢いを地主が阻止できず、開発が進んだ区画であり、他方、堤防のない箇所は、地主が依然として開発を阻止している区画である。この状況を整理したのが表7－2である。開発が始まっているのは、第一、二、四（左条）、五、七、八、一〇（左条）、一一号、以上の七区画分であり、開発が阻止されているのは、第三、四（右条）、六、九、一〇（右条）、以上の四区画分である。

第一二～一六号について、図7－3（および本章では省略したが、図7－3の北に接続する一九三六年の地形図）によれば、堤防はまだない。そして第一二～一四、一六号はほとんど荒地である。第一五号には夾江沿いの自然堤防付近に耕地がある。これは、第一五号では一九三九・四〇年までに開墾が始まっているという文字史料の情報（表7－2）と一致する。なお第一二号の地主は南京市政府で、日本占領期の一九四〇年に農民による開発を許可する（後述、参照）。

次いで、一九四三年八月空中写真（省略）と一九四四年一二月空中写真（1）（図7－4）を見ると、第一～一一号をぐるりと囲む連続堤防が完成している。また第一～一一号を貫く人工の排水路も完成しており、耕地（畑）が増加している。そして、流量が長江本流側より

8	9	10右	10左	11	小河	12	13	14	15	16
■	×	×	■	■		×	×	×	×	×
●	×	×	●	●		×	×	×	●	×
	×	×				市有	×	×		×

（出所）筆者作成。

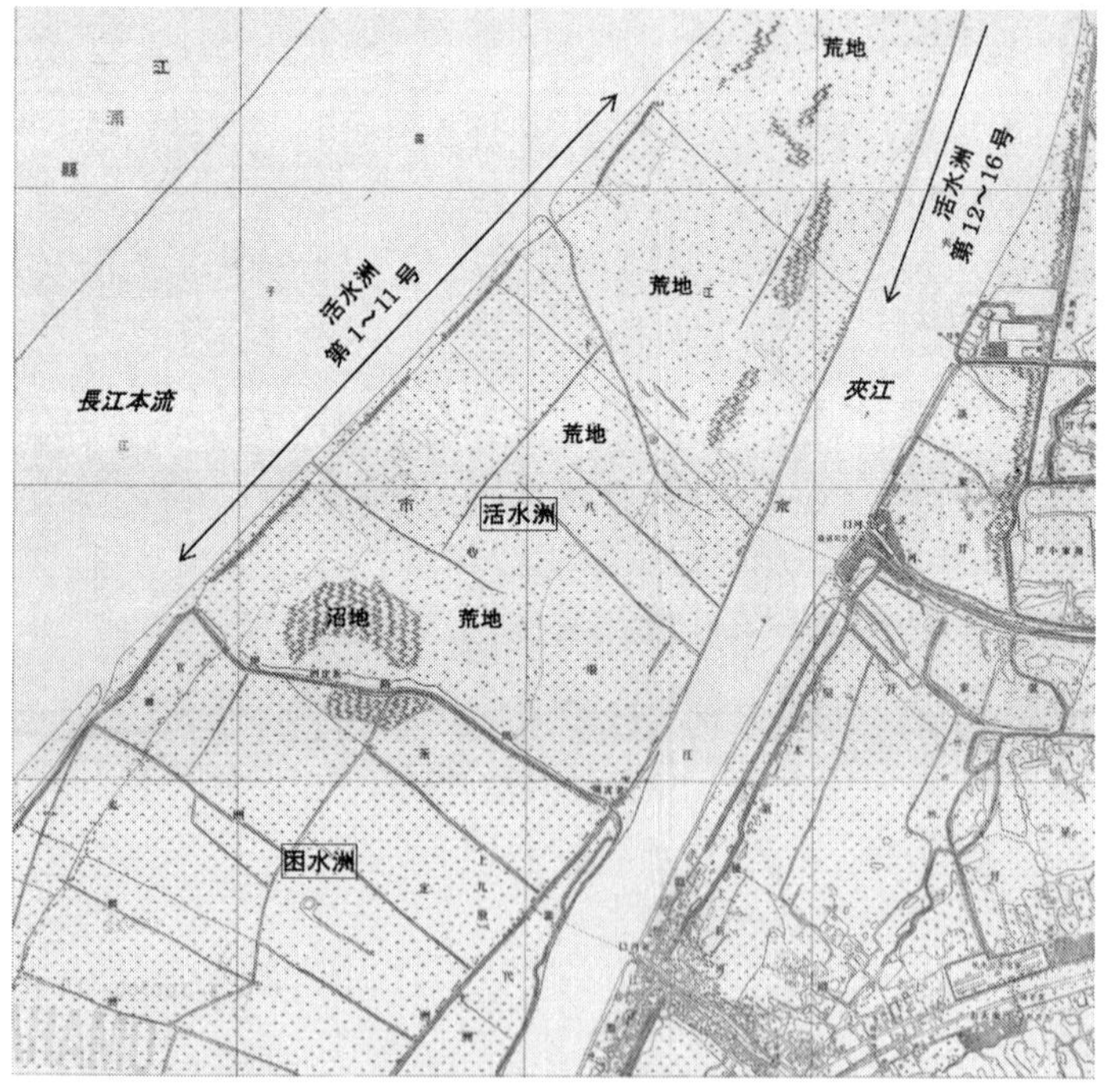

図７－３　1936年地形図

（出所）片山編、2017、口絵３を転載。

原図は、（中華民国）参謀本部陸地測量総局、南京附近第79号「上河鎮」、縮尺１万分１、1933年航空撮影測量、1936年４月修正、1936年９月製版、アメリカ議会図書館蔵。

表7－2　1936～40年の活水洲の状況

号数 右条／左条		1	2	3	4 右	4 左	5	6	7
状況	堤防の有無	■	■	×	×	■	■	×	■
	既墾／未墾	●	●	×	×	●	●	×	●
	地主の姿勢			×	×			×	

（注）1　堤防の有無　■は堤防有り、×は堤防無しを示す。
　　　2　既墾／未墾　●は既墾、×は未墾を示す。
　　　3　地主の姿勢　×は1939・40年時点でも開墾に反対の地主を示す。

図7－4　1944年12月空中写真（1）

（出所）片山編、2017、口絵4を転載。

原画像フィルムは、1944年12月27日アメリカ軍撮影、アメリカ国立公文書記録管理局（NARA II）蔵。

少なく、水害の危険が小さい夾江側では、堤防沿いに家屋がギッシリ並んでいる。表7－2で示したように、一九三九・四〇年の時点では、開発を阻止せんとする地主が依然存在し、第一～一一号のうち四区画分が未開発であった。しかし一九四四年一二月（実際には一九四三年八月）までに第一～一一号の連続堤防が完成していることは、地主たちの抵抗が水泡に帰し、未開発の四区画分でも農民たちによる開発が進んだことを示唆する。

図7－5　1944年12月空中写真（2）

（出所）　原画像フィルムは、1944年12月27日アメリカ軍撮影、アメリカ国立公文書記録管理局（NARA II）蔵。

一方、一九四四年一二月空中写真（2）（図7－5）によると、第一二～一六号の土地は短冊形に区画されており、開墾が進んでいることがわかる。しかし堤防は依然としてなく、家屋も第一五号付近の夾江沿いでは多いが、第一二～一四、一六号ではまばらである。文字史料によれば、生産・生活空間の安全を保障する堤防が築かれるのは一九四六年以降のことであった。

(2) 活水洲開発の特徴と「一田両主制」

ここで、活水洲開発のあり方を、第二節で提示した〈堤防等のインフラ整備を必須とする農地開発によって「一田両主制」が生まれてくるプロセス〉と対比すると、以下の特徴を指摘できる。まず第一二号については、一九四〇年に南京市政府と農民とが結んだ契約によると、第一二号内の土地を細かく区画したり、堤防の規格を立案して工事量を計算したりする作業を農民が行っている。そして堤防の建設と耕地の開墾は、主として農民たち自身の労働力で行うことになっている。他方、地主(市政府)側は土地を提供し、測量・製図に協力し、計画通りに実施されたかを監査するだけである。すなわち、第一二号の開発の主体は明らかに農民たちである。

残る第一〜一一、一三〜一六号の開発における地主と農民の役割分担については、その具体的内容を語る史料がない。しかし開発反対であった地主たちが開発に積極的に参画するとは考えにくい。したがって、入植を希望する農民たちが、各号における開発全体の企画・設計を立案し、どうしても必要な資材と専門技術者は自分たちの資金で調達するが、しかし主として自分たちの労働力を用いて堤防等のインフラ整備と耕地の開墾を行ったと推測できる。このように、開発に反対し、提供するのはほぼ土地、しかも荒地のみという地主像、そして主に自身の労働力で開発を進める農民像は、従来知られていなかったものであり、中国史上の農地開発における新たなモデルとなろう。

なお一九四八年ごろの調査によると、江心洲（特に活水洲や困水洲）における田底権と田面権との価値比率は〈二：五〉であった。田底権の価値$\alpha+\beta$が二と小さいのは、地主が開発に参画せずβがほぼゼロだからであり、田面権の価値γが五と大きいのは、農民が開発の主体だったからであろう。そして活水洲（また困水洲）において一田両主制が成立した理由も、開発のほとんどを農民が担ったことに起因するからであろう（第三節については、片山編、二〇一七、第Ⅴ部の特に第三・四章、参照）。

おわりに

一九二〇年代くらいまでの中国の農地開発モデルは、基本的には地主側（地主あるいは地主から委託された開発業者）がインフラを整備し、荒地を開墾して耕地に区画したのちに、そこに農民が入植するというものであった。一方、それと異なり、本章で紹介した活水洲開発のあり方は、地主側が提供するのはほとんど土地、しかも荒地だけというものであった。そして、このような開発のあり方は、同じく南京付近の中洲である八卦洲における一九三七年の開発でも採用されている。

一九二八年の世界恐慌はその影響が一九三一年になって中国に及んでくる。そして長江下流地域の場合、一九三一年の長江大水害や一九三二年の第一次上海事変も加わり、農村の経済・金融は大きな打撃を受ける。かくして地主も農民も資金不足となり、インフラ整備や耕地開墾をすべて開発専門業者に外注することが困難になる。そのような状況下、より広い耕地を求める農民たちは、自分たちのわずかな資金、そして主として自分たちの労働力によって堤防や排水路を築き、耕地を開墾していく。しかも興味深いことに、空中写真や地形図からうかがえるように、活水洲第一～一一号における堤防や排水路は号ごとにバラバラに建設されるのではなく、第一～一一号を貫く全体計画のもとで計画的かつ組織的に進められているのである。

以上のように、本章で提示した開発像は、農村に資金・資材がないという一九三〇年代に始まる状況に対応した、農民の主導による計画的かつ組織的な開発モデルといえよう。

ここで、この開発モデルは、一九五〇年代後半の大躍進期の中国について、小島麗逸氏が提示した〈農民による集団的労働投資〉というモデルを彷彿させる。中国の農村に資金・資材がないという状況は、一九三〇年代から日中戦争、国共内戦の時期まで続くだけでなく、一九四九年の中華人民共和国成立後も、冷戦という国際情勢のもとで一九五〇年代後半にも続いていた。そして、資金・資材は都市の工業建設に優先的に回され、農村は資金・資材が不足するだけでなく、都市人口と軍隊のための食糧を供給し、かつ増大する農村人口を扶養するための食糧増産という課題も負っていた。

かかる課題に対して、農民たちは自分たちの労働力を用いて、耕地を開墾するだけでなく、耕地の外側にもインフラを共同で建設・整備していく。これを小島氏は〈農民による集団的労働投資〉と呼び、高級合作社や人民公社を生み出した原動力として高く評価する。そして小島氏は、一九四九年以降の中国における経済建設を実態に即して描くには、「金や物を通して見える範囲はきわめて狭い」ことを認識し、「労働が富をつくる」ことの重要性に目を向けるべきことを指摘する（小島、一九七五、第Ⅳ・Ⅴ章、「あとがき」）。この指摘は、本章で取り上げた一九三〇・四〇年代の中国農村にも当てはまるであろう。

【参考文献】


小野武夫（一九二四）『永小作論』巌松堂書店。

片山剛編（二〇一七）『近代東アジア土地調査事業研究』大阪大学出版会。

草野靖（一九八九）『中国近世の寄生地主制—田面慣行—』汲古書院。

小島麗逸（一九七五）『中国の経済と技術』勁草書房。

斎藤修（一九八八）「大開墾・人口・小農経済」速水融・宮本又郎編『経済社会の成立』（日本経済史一）岩波書店。

濱島敦俊（一九九〇）「明代の水利技術と江南地主社会の変容」『生活の技術 生産の技術』（シリーズ 世界史への問い 二）岩波書店。

速水融・宮本又郎（一九八八）「概説　一七—一八世紀」速水融・宮本又郎編『経済社会の成立』（日本経済史 一）岩波書店。

村田路人（二〇〇九）『近世の淀川治水』（日本史リブレット九三）山川出版社。

渡部忠世・桜井由躬雄編（一九八四）『中国江南の稲作文化—その学際的研究—』日本放送出版協会。


（片山　剛）

第8章 アズキと東アジア

1 日本の小豆文化？

アズキ（小豆）やアンコ（餡子）と聞いて、皆さんは何を思い浮かべるでしょうか。

身近なところでは、和菓子屋で売っている「饅頭」（まんじゅう）「柏餅」「大福」や「あんころ餅」（おはぎ）、コンビニやスーパーで売っている「あんパン」「あずきバー」「小倉アイス」には小豆を砂糖で煮込んだ餡子や豆が入っています。町中の「あんみつ」「氷あずき」や駅ナカで売っている「今川焼」（回転焼）、「タイ焼き」、さらにはデパ地下の有名店で売っている贈答用の羊羹や高級和菓子にも、小豆や餡子は不可欠です。家で食べる赤飯に入っているのは小豆やササゲ、ぜんざい・汁粉は小豆で、レトルトもあれば、乾物の豆をスーパーで買ってきて調理する家庭もあるでしょう。

例えば水木しげるの漫画「ゲゲゲの鬼太郎」には「小豆連合軍」という作品がありますが、「小豆あらい」「小豆はかり」「小豆ばばあ」は、昔の民話の世界に登場するキャラクターでした。赤飯はおめでたい日の食事でしたが、由緒ある神社仏閣には、いまだに「小正月」（一月一五日）に米と小豆で炊いた「小豆粥」を供する習慣があります（大阪の枚岡神社や京都の下鴨神社など）。これらの伝統的な赤飯や小豆粥には、砂糖は基本的に使われていません。

アジアを見回すと、小豆を食べる習慣が伝統的にあるのはやはり中国で、とくに冬場に暖をとるための食材として小豆が用いられ、慶事を含め、今でも「紅豆粥」（小豆粥）が食されています。中国の大学の学食・寮食では、米飯などの主食とともに夏には「緑豆粥」、冬には「紅豆粥」が供されます。つまり小正月に小豆粥を食べる日本の伝統文化は、中国から伝わったものと考えられます。また日本の饅頭（まんじゅう）は小豆餡を使った甘いお菓子ですが、中国語の饅頭（マントウ）は小麦粉を練って蒸かして作った主食のことで、肉マンのみならず野菜マンも含め、基本的に甘くありません。

羊羹という言葉ももともと中国語で、羊を煮込んだスープを意味するものでした。日本では時代とともに変化し、砂糖と寒天（天草）を使った現在の羊羹の原型は、江戸時代にできていたと考えられます。一〇年ほど前にＮＨＫの木曜時代劇でドラマ化された高田郁『銀二貫』（幻冬舎、二〇〇九年）は、江戸時代の大坂（現在の大阪）を舞台にした、寒天の利用による「練り羊羹」の発明物語でもあります。和菓子や羊羹などの甘いお菓子を庶民が食べるようになるのは、唐船やオランダ船による砂糖の輸入や甘蔗栽培の移植により、日本に砂糖消費が普及する江戸時代以降でしょう。つまり後のあんパンや小倉アイスも含め、和菓子やぜんざい・汁粉などの甘い小豆製品は、日本的な食文化として進化してきたと考えられます。

また韓国や台湾には、小豆や緑豆などを使った伝統的な中国風の食文化がみられるとともに、日本的な甘い小豆製品もあります。後者は日本の植民地期に伝わったものと考えられます。小豆文化は東アジアに特有なものと考えられ、そのルーツはやはり中国でしょうが、このように日中韓台でそれぞれ独自の進化・発展を遂げてきたと考えられます。

現段階で東アジアにおける一人あたりの小豆消費量は、多い順にまず日本、次いで韓国、台湾、そして中国と考えられますが（田島・李・張、二〇一六）、日本、韓国、台湾は国内生産された小豆だけでは足りず、海外から乾燥した小豆を輸入し、さらに日韓の場合は小豆と砂糖を煮込んだ「加糖餡」（餡子）を、年間数万トン輸入しています。

2 日本の小豆需給

日本の場合、表8－1で示すように小豆の国内生産は縮小傾向にあり、二〇二二年の生産量は北海道を中心に四万二一〇〇トンでした[1]。一方で日本は図8－1で示すように、国内の小豆生産を保護しつつ安定的に小豆輸入量を確保すべく、国内生産の不足分（小豆需要量マイナス国内生産量）を農林水産省が年度ごとに算定し、関税率一〇％（枠内税率、または一次関税）の「関税割当」枠とし輸入商社に割り当て、枠外の輸入に対しては三五四円／kgの高額関税を課し（枠外税率、または二次関税）、国内生産を守っています。具体的には関税割当の公募に応じた各商社に対して、過去の実績などを踏まえて細分化された枠を割り当てるというもので、WTOのルールに則った農業保護制度ということになります。韓国や台湾の場合も、形は異なるものの同様に小豆生産を保護しています（田島・李・張、二〇一六）。

日本は二〇二二年にカナダから一万三九八二トン、中国から一万三一九七トンなど合計二万九八五七トンの小豆を、関税割当外も含めて輸入しました。さらにこれらの乾物の小豆のほかに、「加糖餡」と呼ばれる餡子（ささげ・いんげんまめ属の「加糖調製品」）を四万二四

表8－1　日本の小豆需給にかかわる基本数字

年次	小豆生産量			小豆輸入量 t			調製した豆（加糖小豆餡など）の輸入量 t		
	作付面積 ha	収穫量 t	北海道	輸入量	中国	カナダ	ささげ・いんげん属*	中国	台湾
1995	51,200	93,800	78,000	27,501	23,674	410	45,361	38,517	3,147
1996	48,700	78,100	62,000	22,553	18,576	451	47,395	41,049	2,009
1997	49,000	72,100	57,200	27,876	24,828	235	48,116	42,381	1,273
1998	46,700	77,600	66,000	27,689	24,456	243	48,431	43,071	1,185
1999	45,400	80,600	68,300	29,371	26,374	953	55,305	50,270	838
2000	43,600	88,200	75,800	30,495	26,508	965	58,113	53,577	553
2001	45,700	70,800	59,500	24,913	22,416	653	70,410	66,600	476
2002	42,000	65,900	54,200	27,931	24,787	981	80,037	76,415	452
2003	42,000	58,800	50,100	29,696	26,508	1,567	80,622	77,503	334
2004	42,600	90,500	82,300	33,127	25,282	3,635	84,951	82,193	220
2005	38,300	78,900	69,600	20,744	16,641	2,960	90,982	88,022	227
2006	32,200	63,900	56,000	25,277	18,917	4,747	91,381	88,353	167
2007	32,700	65,600	58,100	29,635	26,153	2,796	93,239	90,399	151
2008	32,100	69,300	61,300	24,441	20,438	3,421	73,397	70,905	43
2009	31,700	52,800	46,500	20,311	14,923	4,700	69,616	67,347	44
2010	30,700	54,900	49,700	18,885	13,102	4,812	73,035	71,137	45
2011	30,600	60,000	54,000	25,101	14,483	9,782	76,076	74,497	58
2012	30,700	68,200	63,000	26,859	15,522	10,100	75,006	73,783	20
2013	32,300	68,000	63,700	24,342	15,297	8,164	72,528	71,465	36
2014	32,000	76,800	72,100	26,003	15,319	9,779	70,165	69,149	-
2015	27,300	63,700	59,500	20,359	10,710	8,757	65,376	64,310	18
2016	21,300	29,500	27,100	20,294	8,388	11,484	62,432	61,188	18
2017	22,700	53,400	49,800	21,275	11,163	9,388	59,753	58,446	18
2018	23,700	42,100	39,200	21,357	11,610	8,419	60,341	58,763	23
2019	25,500	59,100	55,400	31,850	14,687	15,844	58,366	55,895	24
2020	26,600	51,900	48,600	25,517	10,509	14,480	56,448	54,158	22
2021	23,300	42,200	39,100	22,676	6,041	15,904	51,538	49,665	40
2022	23,200	42,100	39,300	29,857	13,197	13,982	42,411	41,161	4

*2018年まではHS2005.51-190、それ以降はHS2005.51-191およびHS2005.51-199。

（出所）　日本豆類協会『雑豆に関する資料』各年版による。

一一トン（乾燥した豆に換算し約三割の一万二七〇〇トン程度）、中国産を中心に輸入しました[2]。つまり二〇二二年の段階で、日本における加糖餡を含む小豆供給量（国内生産＋純輸入。すなわち小豆に換算した加糖調製品の輸入量を含む見かけ上の消費量）は総計八万トン程度で、国内生産と輸入量が拮抗する状況にある、と考えられます。

コンビニやスーパーで売られている小豆製品を手に取って裏返してみると、製品の「名称」「種別」のほかに原材料名と原産地がかならず書かれています。日本では二〇二三年四月以降、加工食品に対しては「原料原産地表示」が義務化され、重量のもっとも重い原料の産地や製造地を示す必要があります。「あんパン」の場合は名称である「菓子パン」とともに原材料名として「つぶあん（国内製造）」、「和生菓子」の場合は「砂糖（国内製造）」「砂糖（タイ製造または韓国製造）」などと書かれ、「だんご」の場合は

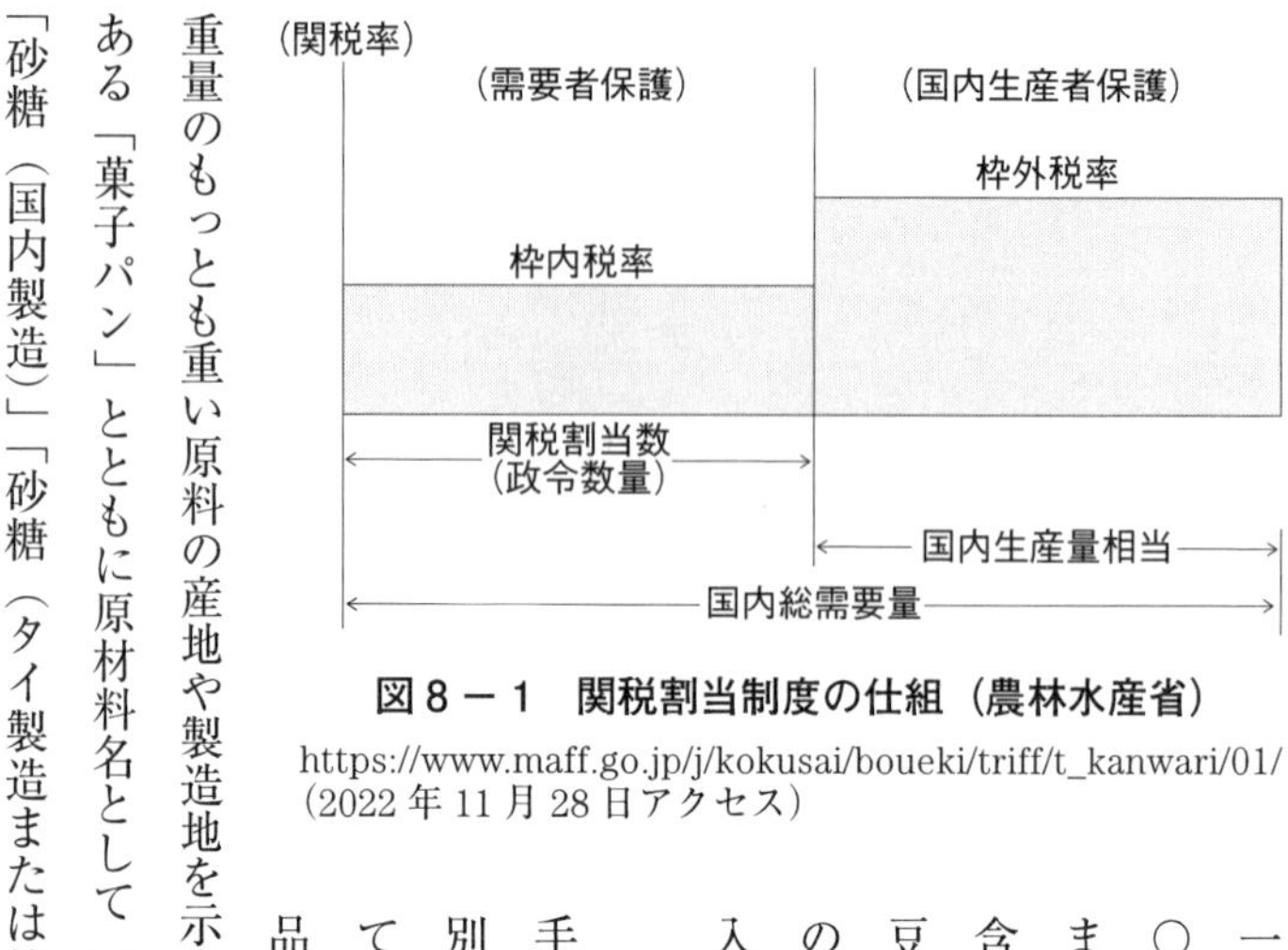

図８－１　関税割当制度の仕組（農林水産省）

https://www.maff.go.jp/j/kokusai/boueki/triff/t_kanwari/01/
（2022 年 11 月 28 日アクセス）

「上新粉（うるち米（国内産））」、アイス・キャンディの場合は種類が「氷菓」で「砂糖（国内製造）」などと表示されています。たとえば国内で製造されたあんパンの場合、あんの中身である砂糖や小豆、パンの原料である小麦の産地は日本とは限りません。しかし輸入された砂糖や小豆を日本国内で「つぶ餡」に加工し、これをあんパンの原料とする場合には、もっとも重い原料ということで「つぶあん（国内製造）」という表示になります。アイス・キャンディの場合も、中に入っている砂糖が小豆よりも重い場合には、「砂糖（××製造）」などと製造地が表示されます。

これに対し、もっとも重い原料ではなくとも国産の小豆を使っている場合には、「十勝産小豆使用」などとどこか目立つところに書かれているのが一般的です。たまに「小豆（カナダ）」などの原産地表示がみられますが、「小豆（中国）」と書かれた表示は、あまり目にしません。二〇〇八年に起きた中国産冷凍餃子の食品中毒問題や、やはり同年に中国で起きたメラミン入り牛乳の問題についての記憶から、中国産と原産地表示された農産物や加工食品の使用は、日本ではまだハードルが高いようです。

ともあれコンビニやスーパーで購入する小豆製品の場合は、原料の小豆は単価の安い輸入品を使って量産し、さらに原産地表示が厳格化される以前には、廉価な輸入加糖餡が重要な役割を果たしていました。他方で和菓子の専門店やデパ地下の有名店で売っている小豆製品の場合は、価格よりも銘柄小豆などの国産原料や品質にこだわるという、二極化した市場構造がこの間に形成されてきました（田島・李・張、二〇一六）。そしてこれらに対し町中の和菓子屋などの場合は、多くは製餡過程を外部化しつつ、業態や市況に応じて適宜国産・輸入の原材料を組み合わせる、という構造が考えられます。

3　日本は中国産小豆をいつまで輸入できるのか

小豆は大豆とともに、戦後の日本と中国の間の経済関係にとって、きわめて重要な貿易商品でした。一九五〇年代から一九八〇年代まで、中国の対外貿易は計画経済体制下に国家管理され、国際的に有利な米や大豆、小豆を海外に輸出し、こうした外貨収入を裏付けに、機械や工業製品、不足する原材料、小麦などの国際的に割安な農産物を輸入していました。他方で高度成長期以降の日本では、農産物の輸入依存がすすみ、製油用や飼料用の大豆を主としてアメリカから輸入するとともに、味噌・醤油、豆腐といった伝統食品の原料として、中国産大豆にも根強い需要がありました。また和菓子の原料たる小豆の場合は、かつては『赤いダイヤ』（梶山季之、集英社、一九六二年）と呼ばれる投機的な商品で、気象条件の如何によっては豊凶の差、したがって価格変動が大きく、国内生産では足りない分を中国の天津などから輸入していました。

その間、一九七〇年代には台湾からの対日小豆輸出が増え、また一九八〇年代にかけ同じく台湾において、地元の小豆と砂糖を原料とする加糖餡産業が勃興し、餡子の対日輸出が始まるなどの変化がありました。しかし経済発展が進むとともに、台湾では農産物や農産加工品の国際競争力が急速に失われ、小豆の対日輸出は縮小し、ついで対日輸出を手がける台湾の加糖餡産業、とりわけ日系企業の中国への移転や直接投資が始まり、対日小豆輸出、さらには加糖餡輸出から台湾が脱落する事態となりました（表8－1）。一方でこの時期の日本では、「エリモショウズ」と呼ばれる耐冷良質多収の品種が北海道の十勝農業試験場で開発され、一九八〇年代以降は優良品種として普及するなど、小豆市場の安定化が進みました。

こうして一九九〇年代以降、小豆・小豆製品の対日輸出はもっぱら中国が担っていましたが、二一世紀に入るとカナダ産小豆の対日輸出が増大する事態が生じました。中国が東北産やかつての天津産の品種を中心に日本に輸出したのに対し、カナダの場合は北海道のエリモショウズを使った開発輸入の形をとり、当初は中国産と比較して割高でした。しかし徐々にカナダ産小豆がシェアを拡大し、二〇一八年一二月のＴＰＰ（環太平洋パートナーシップ協定）発効以降は、ＴＰＰ加盟国たるカナダの対日小豆輸出に関しては、関税割当枠内であれば一〇％の一次関税が免除されることになりました（田島・李・張、二〇二六）。結果として二〇一九年以降は対日輸出量においてカナダ産が中国産を上回る事態となり、輸出単価にしても変動をともないながら、カナダ優位の状況になりつつあります。

他方で主として日系企業が対日輸出を担う中国産の加糖餡については、中国産小豆をベースに安価な韓国産砂糖が使われるなど、いまだに対日輸出において優位性を示す状況にあります。すなわち韓国の場合は砂糖の原料である甘蔗や甜菜の国内生産がないことから、精製糖の原料たる粗糖の輸入は自由化されており、韓国産の精製糖は日本産や中国産に比べ割安です。かつ在中国の日系加糖餡メーカーが韓国から砂糖を輸入し、中国の小豆とあわせて餡子に加工して日本に輸出する場合、韓国産砂糖の輸入にかかわる関税や中国国内の付加価値税は免税扱いとなります。こうして中国産加糖餡の優位が続きますが、中国国内での小豆価格や人件費の上昇に加え、日本の加工食品市場における原産地表示の厳格化にともない、対日加糖餡輸出が減少傾向にあることは否めません。

すでに明らかなように、東アジアの日本、韓国、台湾は経済発展とともに農業全般の国際

表8－2　中国の小豆生産と貿易構造

年次	生産量 t*	全輸出 **		対日輸出		対韓輸出		全輸入 **	
		輸出量 t	単価ドル/t	輸出量 t	単価ドル/t	輸出量 t	単価ドル/t	輸入量 t	単価ドル/t
2010	219,700	51,636	1,297	13,487	1,356	23,975	1,316	107	1,316
2011	248,100	53,750	1,203	16,007	1,287	24,958	1,150	1,182	757
2012	193,000	56,283	1,039	15,401	1,092	25,901	982	1,111	390
2013	185,100	56,900	1,196	16,081	1,228	25,056	1,153	2,129	583
2014	190,300	52,996	1,527	14,814	1,571	22,272	1,492	7,222	593
2015	175,700	43,662	1,535	11,348	1,460	17,215	1,516	8,917	650
2016	275,400	49,998	1,383	8,773	1,399	24,554	1,304	3,125	784
2017	360,000	52,861	1,096	10,564	1,157	25,374	960	13,775	660
2018	277,900	50,593	1,054	13,433	1,096	21,875	892	13,012	678
2019	240,100	52,600	1,153	13,180	1,209	23,238	1,014	10,443	903
2020	208,500	45,876	1,403	10,507	1,330	19,868	1,386	7,501	981
2021	232,300	38,458	1,992	7,065	2,003	20,442	2,003	12,624	1,072
2022	247,000	40,654	2,059	13,311	2,131	18,568	2,015	28,700	1,035

* 国家数拠 https://data.stats.gov.cn/index.htm。
** 商品コードは HS71332、出所は Global Trade Atlas。

競争力が低下し、小豆についても輸入依存が拡大しています（田島・李・張、二〇一六）。中国の場合も米、小麦、トウモロコシ、大豆などの主要作物は農業保護の対象ですが、とくにトウモロコシや大豆などの畑作物は輸入量が増え、大豆の場合は二〇二〇年に一億トンを越え、トウモロコシは二〇二一年に二八三五万トンの輸入を記録しました（Global Trade Atlas）。

表8－2では中国の小豆需給に関して近年の生産量と貿易構造を示しました。生産量はいまだに変動が大きく、別途立ち入った検討が必要で

すが、小豆の輸出量は減少傾向にあります。二〇二二年には対韓、対日を中心に計四万トン台の小豆輸出を確保しましたが、一方で輸入量は二万八七〇〇トンに達しました。安価な輸入価格とは対照的に、輸出価格の上昇傾向が続きます。最大のお得意先である日本や韓国の市場が求める輸入小豆や加糖餡の量と価格、さらには日本市場で競合するカナダ産小豆の供給量と供給価格の如何では、中国の小豆輸出ひいては小豆生産に影響が及ぶのは不可避でしょう。たとえばコンビニやスーパーであんパンやアイス・キャンディ、小倉アイスを買う皆さんの財布のヒモはどうでしょうか。日本の消費者の懐具合によっては、価格が上がるばかりの中国産小豆や加糖餡に、いつまでも頼るわけにはいかないでしょう。

という意味で、「アズキと東アジア」は皆さんの食の問題にかかわる重要なテーマでもあります。コンビニやスーパー、さらにはデパ地下に行ったら、小豆製品の価格状況や原産地表示に注目し、これを定点観測してみてはいかがでしょうか。

【注】

（1）以下、本稿では基本的に二〇二二年までの統計数字に即して説明する。

（2）小豆餡のみならず「いんげんまめ」を原料とする餡子（たとえば白餡）なども含まれ、

これらの商品については輸入額の二三・八%に相当する調整金もしくは暫定税率が適用される（農畜産業振興機構「ＴＰＰ協定における加糖調製品の取扱いに関する説明会」二〇一九年七月）。https://www.alic.go.jp/content/000152937.pdf（二〇二三年九月三〇日アクセス）。

（田島　俊雄）

【参考文献】

梶山季之『赤いダイヤ』集英社、一九六二年。
高田郁『銀二貫』幻冬舎、二〇〇九年。
田島俊雄・張馨元編著『中国雑豆研究報告―全国・東北篇―』東京大学社会科学研究所現代中国研究拠点研究シリーズ　No.12、二〇一三年三月。https://sinology-initiative.com/research-resources/483/
田島俊雄「中国の雑豆生産と対外貿易：日本は中国産小豆をいつまで輸入できるか」『豆類時報』No.79（二〇一五年六月）。https://www.mame.or.jp/Portals/0/resources/pdf_z/079/MJ079-08-KJ.pdf
田島俊雄・張馨元・李海訓共編著『アズキと東アジア―日中韓台の域内市場と通商問題―』御茶の水書房、二〇一六年。
水木しげる『決定版　ゲゲゲの鬼太郎8―小豆連合軍・豆腐小僧』中公文庫、二〇二三年。
『雑豆に関する資料』各年版、公益財団法人日本豆類協会。

台湾のＩＴ産業の発展と自由の尊重

1　デジタル化、台湾、移動

オードリー・タン（唐鳳　一九八一〜）は、三二歳で蔡英文政権の閣僚に登用された台湾の若きデジタル担当相であった。日本でも著名な同氏は、山口県とのオンライン対談で次のように述べている。

トップダウンではなく、人々の意見の中に共通の価値を見いだし、橋渡しをすることがイノベーションにつながる（『日本経済新聞』二〇二一年一月二一日）。

トップがルールを押しつけるのではなく、ひとりひとりが自由に協力できたとき、新たな価値が生まれる。同氏らしい自由で柔軟なビジョンである。

オードリー・タンの存在が象徴するように、デジタル化の時代のなかで、台湾のIT産業は日本でも改めて注目されている。台湾は、社会の成立基盤をなす半導体生産のキープレイヤーであり、それゆえに国際政治の最前線の一つでもある。台湾はデジタル時代の特異点である。

台湾のIT産業はいかに発展したのか。代表的な説明のひとつに、経済地理学者アナリー・サクセニアンが提唱した「頭脳循環」がある。かつて台湾を出てアメリカ西海岸に滞在した先駆的な起業家たちが母国に帰り、アメリカ西海岸の起業家的な文化や仕事のノウハウ、業務上の人的ネットワークなどを持ち帰ったことが、台湾のIT産業発展の一因とされている(サクセニアン、二〇〇八)。

こうした国境を超えた人々の移動に注目することは、様々な国々からなるアジア共同体の可能性を考える上で不可欠と言えよう。グローバルな世界とアジアや台湾とがどのように結びつきながら地域の経済を発展させるのだろうか。台湾やアジアの地域経済を、アメリカとの関係など空間的に広い視野から考えてみよう。

本章では「頭脳循環」という人々の空間の移動に注目して、台湾のＩＴ産業の発展の意味を考える。人々の空間移動や企業の立地を捉えながら地域の経済発展を論じるのは、筆者やサクセニアンが専門とする経済地理学の基本的な考え方である。

2　台湾に集まるＩＴ産業とは？

(1)　ＩＴ産業の立地パターン

まずは、統計情報に基づいて台湾におけるＩＴ産業の立地を概観していこう。

図９－１は台湾の主な産業について、主要都市における企業数の構成比を産業別に示してあり、各産業がどの都市に集中しているかが分かる。産業全体では企業数の二五・五％が台北市に立地し、これに新北市、台中市、高雄市が続く。台湾の企業立地は、全体としては台北集中型である。

ではＩＴ産業の立地はどうか。この表に挙げた産業のうち「ＩＴ産業」に最も関わるのは、「情報通信」「専門・科学技術」「製造業」だと考えられる。これらの産業の立地パターンは必ずしも同じではない。「情報通信」と「専門・科学技術」は、台北市がそれぞれ四三・六％、

図９－１　台湾の主要産業における企業数の地域構成（2019年12月時点）

	全体	情報通信	専門・科学技術	製造業	金融・保険	卸売・小売	宿泊・飲食	農林水産業
台北市	25.5%	43.6%	35.7%	15.3%	44.7%	32.0%	25.8%	17.0%
新北市	19.0%	18.7%	17.7%	24.0%	13.9%	17.0%	11.2%	12.0%
台中市	14.4%	11.6%	13.7%	16.8%	11.4%	14.1%	13.3%	12.7%
高雄市	11.6%	7.5%	9.2%	9.6%	8.9%	12.6%	25.9%	17.7%
桃園市	8.7%	5.9%	7.7%	10.2%	6.4%	7.2%	5.7%	6.7%
台南市	5.4%	3.4%	4.3%	6.7%	4.6%	5.1%	4.4%	6.1%
新竹市	1.7%	1.7%	2.0%	1.6%	2.2%	1.1%	1.8%	1.0%
その他	13.7%	7.6%	9.7%	15.8%	7.9%	10.9%	11.9%	26.8%

（出所）　中華民国経済部（MOEA）。

三五・七％を占めており、一層の台北集中型である。しかし「製造業」では構成比が最も大きいのが新北市で、台北市は一五・三％に留まるなど、分散型の立地である。

このことは、基幹産業が都市によって異なることを意味している。別のデータでも確認しよう。図９－２は各都市の産業別企業数を構成比で示している。先の図９－１とは反対に、各都市がどの産業にどれだけ依拠しているかを意味している。

まず台湾全体では「製造業」が二七・五％で最も多く、「卸売・小売」（一五・〇％）、「専門・科学技術」（一一・三％）が続く。「情報通信」は三・五％にとどまる。すなわち台湾の企業数は、ＩＴ産業のうち「製造業」と「専門・科学技術」が中心であり、「情報通信」は必ずしも大きくはない。

地域別に見ると、「情報通信」の構成比が最も大きくなっているのは台北市で、六・〇％である。他の都市はいずれも二～三％台にとどまっている。一方で「製造業」が卓越しているのは新北市や台中

図９－２　台湾の主要都市における企業数の産業構成（2019年12月時点）

	全体	台北市	新北市	台中市	高雄市	桃園市	台南市	新竹市
情報通信	3.5%	6.0%	3.5%	2.8%	2.3%	2.4%	2.2%	3.6%
専門・科学技術	11.3%	15.8%	10.5%	10.7%	9.0%	10.1%	8.8%	13.5%
製造業	27.5%	16.5%	34.7%	32.1%	22.8%	32.5%	34.0%	26.3%
金融・保険	6.4%	11.2%	4.7%	5.1%	4.9%	4.7%	5.4%	8.1%
卸売・小売	15.0%	18.8%	13.3%	14.7%	16.3%	12.4%	14.1%	10.0%
宿泊・飲食	1.0%	1.0%	0.6%	1.0%	2.3%	0.7%	0.8%	1.1%
農林水産業	2.3%	1.6%	1.5%	2.0%	3.5%	1.8%	2.6%	1.4%
その他	33.0%	29.1%	31.2%	31.6%	38.9%	35.4%	32.1%	36.0%

（出所）　中華民国経済部（MOEA）。

市、台南市であり、それぞれ三四・七%、三二・一%、三四・〇%で、他の都市も台北市以外では二〇%台である。

「専門・科学技術」については、構成比が最も高くなっているのは台北市である（一五・八%）。そもそも図９－１で見たように、台湾の「専門・科学技術」の企業は四割弱が台北に集中している。高度専門人材を必要とするこの業種が台北市で多いのは当然であろう。ただし台北市に次いで「専門・科学技術」の構成比が高いのは新竹市である（一三・五%）。これは政策的に設置された「サイエンスパーク」の存在が一因といえる。現在、台湾には三つのサイエンスパーク地帯が存在する（表９－１）。サイエンスパークは一九八〇年代から二〇〇〇年代にかけて設立され、新竹サイエンスパークなど、各地帯に複数立地している。新竹サイエンスパークのモデルはシリコンバレーであるとされ、空港や大学とのアクセスのよさによる技術や人材への近接性などに優れている。

以上のように、台湾のＩＴ産業の立地は複雑である。「製造業」は

表9－1　台湾のサイエンスパーク

サイエンスパークベルト	設立	サイエンスパーク立地数	主な分野
新竹サイエンスパーク	1980年	6（新竹、竹南、銅鑼、龍潭、新竹バイオ医学、宜蘭）	集積回路、PC、PC関連機器、通信、オプトエレクトロニクス、精密機械、バイオ産業
中部サイエンスパーク	2003年	5（台中、后里、虎尾、二林、中興園区）	集積回路、オプトエレクトロニクス、バイオテクノロジー、精密機械、コンピューター関連機器、グリーンエネルギー
南部サイエンスパーク	1991年	2（台南、高雄）	集積回路、オプトエレクトロニクス、精密機械、バイオ、通信、コンピュータ及び周辺機器

（出所）投資臺灣入口網（Invest Taiwan）。

分散型だが、「情報通信」「専門・科学技術」は台北集中型である。また台北市にすべて集中しているわけではなく、新竹市などサイエンスパークへの立地も見られた。台湾のＩＴ産業は、特定の地域への集中傾向を示しはするものの、多くの地域で発達している。

（2）ＩＴ産業のビジネス形態

それでは、台湾のＩＴ産業はどのような企業で、どのようなビジネスをしているのか。ここでは企業の規模と国際性について解説しよう。

図9－3は、台湾における企業数、雇用者数、総売上額、輸出額のうち、中小企業が占める割合を業種別に示したものである。まず企業数と雇用者数の多くを中小企業が占めている。具体的には、企業数の中小企業率は「金融・保険」以外はみな九〇％を超えており、雇用者数については「卸売・小

図9－3　台湾の企業数、雇用者数、総売上額、輸出額における中小企業の割合（2019年）

	企業数	雇用者数	総売上額	輸出額
全体	97.7%	78.7%	29.6%	13.4%
情報通信	96.3%	76.1%	11.3%	10.2%
専門・科学技術	98.3%	79.5%	33.0%	7.9%
製造業	96.0%	72.3%	28.6%	13.6%
金融・保険	87.0%	79.0%	8.3%	9.5%
卸売・小売	97.4%	96.4%	29.7%	14.7%
宿泊・飲食	99.6%	97.4%	71.3%	8.8%
農林水産業	99.3%	99.1%	52.3%	48.1%

（出所）　中華民国経済部（MOEA）。

売」「宿泊・飲食」「農林水産業」九〇％を超え、それ以外もみな七〇％以上である。

一方、輸出額と総売上額の中小企業率は低い。輸出額の中小企業率は「農林水産業」以外すべて一〇％前後で、「情報通信」「専門・科学技術」「製造業」の輸出は大企業が中心である。総売上額も「情報通信」が一一・三％であるなど中小企業率は低い。もちろん、輸出や総売上の中小企業率が低いのは当然である。だがこれらのことは、大企業を中心としたＩＴ産業の輸出や売上は、大多数からなる中小企業やその雇用によって支えられていることを意味している。

こうした中小企業の重要性は経済地理学でもよく知られている。中小企業はしばしば自らの事業領域の専門性を高め、経営者や従業者どうしがネットワーク化することで高品質な商品を柔軟に生産している。特にＩＴ産業やファッション産業など、変化が激しく需要変動の大きい産業において有効性が注目されている。

ＩＴ産業は需要変動が大きいため、特定の企業に取引を依存するなどして取引関係が固定化すると、いきなり受注が急減して経営困難に陥るリスクがある。他方で、取引先を固定化せずに、その時々の需要や必要な技術、納期などにあわせて取引先を柔軟に組み替えると、需要変動に対応しながら専門的で高度な技術を活用できる。いわゆる「柔軟な専門化」である。

実際、台湾のＩＴ産業は零細な中小企業が多いことに加えて、受注の変動が大きい。そのため各企業は特定の取引先への「依存体質化」を避けて柔軟に対応し、リスクヘッジを図っている（荒井、二〇〇六）。

もうひとつの視点は国際性である。台湾の人口はおよそ二三〇〇万人で、日本の一八％程度、東京都と神奈川県の合計ほどにすぎない。台湾は内需が日本と比較にならないほど小さく、企業が自ずと国際市場に注力せざるを得なくなりやすい地理的環境にある。

それゆえ、台湾のＩＴ産業の最大の顧客はアメリカの多国籍企業である（李、二〇二一）。だが同時に、これまでは中国との関係も特に重要視されてきた。二〇〇〇年代は、中国と台湾との取引関係が大きく発展してきた時期である。

二〇〇〇年代に入ると、パソコンなどのエレクトロニクス製品の開発や製造を受託していた台湾企業は、中国、特に長江デルタに投資をして工場を建設し、製造を移転した。しかし、半導体などの部品は引き続き台湾から調達した（中略）。中国の台湾系企業の調達の増加によって、また中国の地場企業からの需要の伸長にも支えられ、台湾における部品の製造と中国への輸出は大幅に成長し、エレクトロニクス製品の製造の減少を補ってあまりあるものとなった（佐藤、二〇一四、三三ページ）。

こうした中国との取引関係は、中国の低賃金労働力を生かしたものである。だが近年の中国の賃金上昇は、こうしたスキームの維持を相対的に難しくしつつある。図９－４は二〇二〇年前後における台北市と周辺各国の主要都市における賃金を比較したものである。広州、深圳、上海といった中国南部の大都市の賃金水準は、台北市よりは未だに低く、とくに製造業のワーカー（一般工職）では半額程度だが、エンジニアや中間管理職の賃金水準は台北市に近づきつつある。

図9－4　アジアの主要都市における賃金水準（月額賃金・米ドル）

	台北	広州	深圳	上海	香港	ソウル	東京
製造業							
ワーカー（一般工職）	1,188	536	588	674	1,852	1,980	2,763
エンジニア（中堅技術者）	1,551	960	1,320	1,070	2,583	2,506	3,760
中間管理職（課長クラス）	2,309	1,748	1,596	1,904	3,984	3,667	5,030
非製造業							
スタッフ（一般職）	1,500	971	1,010	1,176	2,429	2,376	2,774
マネージャー（課長クラス）	2,623	2,131	2,144	2,540	4,288	3,657	5,306
店舗スタッフ（アパレル）	1,075	844	905	n.a.	1,671	2,668	3,795
店舗スタッフ（飲食）	814	614	570	n.a.	1,886	1,839	2,569

（注）調査時期は2019年8〜9月。米ドルへの換算は2019年8月の平均レート。ただし台北は調査時期2020年8〜9月、2020年8月の平均レート。東京は2020年12月〜2021年2月に調査、2021年1月の換算レート。賃金は主に基本給を指すが、店舗スタッフは平均給与等のこともある。詳細は出所参照のこと。

（出所）JETRO「投資コスト比較」。

中国が台湾のＩＴ産業にとって重要な地域であることは当面変わりはない。だが賃金上昇を受けて近年では、さらに賃金の低い、中国の内陸部や東南アジアへの立地移転のほか、アメリカ市場やヨーロッパ市場に近いメキシコやチェコなどに工場を立地させる動きも見られている（佐藤、二〇一四、李、二〇二一）。

3　台湾のＩＴ産業はなぜ発展した？

以上のように、国際的な企業立地と企業間のネットワークは、台湾のＩＴ産業の発展を読み解く重要な視点である。そして、その視点に立って地域におけるＩＴ産業の発展メカニズムを研究した代表例が、先のサクセニアンによる「頭脳循環」

論である。

彼女はもともと、台湾ではなくシリコンバレー地域の研究者である。サクセニアンはシリコンバレーにおいて、挑戦と失敗を肯定的に捉えて自由を尊重する価値観が地域で共有されたことが、同地の革新性の源泉だと考えた。そして彼女の興味深い点は、その「自由を尊重する価値観」が、シリコンバレーに留まらず、海を渡って台湾など他国にも伝播して、様々な地域のＩＴ産業の発展につながったと考えたことである。

一九八〇年代初頭、シリコンバレーからの帰国者たちが、台湾やイスラエルに、リスクの高いベンチャー企業に投資をするモデルを持ち込んだ。母国に帰ったこれらの投資家たちは、成功に欠かせない資本や文化・言語面のノウハウを、自国市場にもたらした。また彼らには、技術や経営の経験もあり、ビジネスモデルの知識もあれば、米国における提携先へのコネもあった（サクセニアン、二〇〇八、一八ページ）。

サクセニアンは台湾のＩＴ産業を発展させたリーダーの一人として、ロナルド・チュワン氏を挙げる。彼は台湾のＡｃｅｒ社のＣＥＯスタン・シー氏と協力して、台湾に、アメリカの起業家や投資家、顧客とのネットワークをもたらし、それがＩＴ産業の発展を後押ししたと考えられている。

これが意味しているのは、台湾のＩＴ産業は、台湾だけで発展したわけではないということである。かつて台湾からシリコンバレーに渡った人々は、そこで培ったネットワークを台湾に持ち込み、ローカルな地域のなかで知識や技術、価値観や人間関係を皆に共有したのである。

人々がシリコンバレーへ渡っていくことは、専門人材の流出という意味で「頭脳流出」などと言われることもあった。だが実際には流出どころか、結果的にシリコンバレーから母国へと様々な資源を持ち帰ってきたのである。これが「頭脳循環」である。

九〇年代に入り「頭脳流出」の議論は大きく変化し始めた。その最大の理由は、シリコンバレーで働いていた移民が母国に戻り、母国のＩＴ産業の起業や発展に大きな役割を果たし始めたからである（中略）。国際労働移民にかんする研究の焦点もこれまでの「頭脳流出」から、先進国の先端知識を母国に移転し、さらに母国の情報を先進国に伝えることによって双方が利益を得る「頭脳循環（brain circulation）」へと変化している（近藤、二〇一〇)。

この現象の意義をより明確にするために、もう少し理論的な説明を加えよう。頭脳循環とは、すなわち国境を超えて人間が行き来する空間移動である。だから頭脳循環論は、人間が国境を超えてグローバルに移動し、その人間が母国の地域の中でローカルに活動するという、グローバルな空間とローカルな空間を人間が結びつけていく現象である。

一般的にローカルな空間では、同質的な人々どうしの人間関係が構築され、それが互いの信頼に基づく柔軟な取引関係を生みやすい。だがそれは同時に、地域の人々や企業が、ローカルな制度や慣習に束縛されて硬直化してイノベーションを阻むなどといった問題の原因にもなる。いわゆる「ロックイン」の現象である。

それに関して、例えばアメリカの経済地理学者であるユウコ・アオヤマは、日本を事例としたいくつかの統計分析から、起業活動―アントレプレナーシップ(entrepreneurship)―が盛んなのは、同質的で商習慣が閉鎖的な地域よりも、「よそ者」(outsider)に開放的な地域文化(regional culture)のある地域だと指摘している(Aoyama, 2009)。この「よそ者」とは、文字通り、他の地域から空間的に移動してきた人々である。つまり固定的で同質的な地域ではなく、人間の移動が活発で、移動してきた「他者」を受け入れやすい地域を作ることが、革新的な地域づくりにつながるのである。

ローカルな空間に対してグローバルな空間では、より先進的な知識や人的資源が柔軟にやりとりされると考えられている。グローバルな空間における知識や人的資源をローカルな空間に取り入れることは、地域に多様性と柔軟性をもたらす。

台湾をめぐる頭脳循環のポイントは、台湾のローカルな空間のなかに、グローバルな空間で活躍した人々が帰ってきて、ローカルな空間に存在しなかった異質な知識や資源が、スムーズに注入されていることである。

ＩＴ産業は変化が速く、新しい知識の獲得や、業界の動向の理解、それらに基づく斬新な発想が、一層に重要な産業といえる。それらは中小企業にとって自力では獲得しにくい「資源」である。だからこそ台湾のＩＴ産業では、人々のネットワークが、グローバルな空間に存在する資源をローカルな空間に注入し共有するために重要な役割を果たしていたのである。

4　循環する頭脳と自由

最後に、こうした人々の空間を超えた移動の意義を、「自由」の観点から説明しておこう。本章で論じたような企業や経営者、労働者のネットワーク化は、日本の経済地理学でも注目されている。例えば浜松市の機械工業、台東区の製靴業、日立市の機械金属工業など、地域の中小企業の経営者や労働者たちがネットワーク化して発展する事例は多く知られている。こうした地域では、中小企業の専門的な人材が柔軟にネットワーク化することで、高い専門性を生かして、多様な商品を柔軟に製造している。

これらは、人々が経営者や労働者といった「フォーマルな立場」でネットワーク化する現象である。しかし現実の人々は、必ずしも経営者や労働者としてのみ存在しているわけではない。そうしたフォーマルな立場を離れた形でも、人々はビジネスに関わっている。

例えば台湾や日本に限らず、ＩＴ産業に関わる情報技術者たちの中には、自分の能力を磨いてキャリアアップを目指したり、プログラミング自体をライフワークとして楽しむ人も多い。そのため自身の所属会社を超えて、ＳＮＳ（ソーシャル・ネットワーク・サービス）なども利用して、自由かつ自発的にネットワークを作る者たちがいる。こうした人々は社外の情報技術者との間で、必ずしもビジネス的ではない人的ネットワークを「勝手に」作り、様々な情報や知識を仕入れている。こうした人々が所属する企業はしばしば、勝手に作られたネットワークから得られた知識や情報を経営資源として利用している。したがってこうした現象は、「経営者」や「労働者」としてだけでなく、個人としての自由な空間移動と行動が企業や地域に革新性をもたらしていることを意味している（福井、二〇一六、二〇二〇、二〇二二）。繰り返すように、業界や技術に関する知識やアイデア、価値観、取引ネットワークといった有用で高度な資源は、中小企業や地域が単独で得るのは難しい。だからこそ、現代のビジネスでは地域を超えて、異質な空間に存在する異質な他者たちと自由に関わりあうことが重要である。

台湾に関して、国境や地域を超えてネットワークを作り、さまざまな資源を共有し、地域のＩＴ産業を発展させてきたのは、ある種の「自由」や、それを尊重する人々である。経済がますます複雑化し、不確実性が高まるなかでは、自由と多様性を尊重する国や地域のあり方が必要であり、そこでは他律的で官僚的にビジネスを遂行する「労働者」ではなく、自律的で自由に自己実現をする「個人」が重要な役割を果たす。台湾の事例は、個人の自由な活動を尊重することが地域の経済発展に有効であることを示している。

国際秩序やグローバル経済の存立が急速に揺らぐ今日、アジア諸国を含めて世界的に自由の在り方が問い直されている。自由がアジアの豊かさを支えてきたのだということは、いま改めて強調されるべきである。

【参考文献・引用文献】

アナリー・サクセニアン著、本山康之・星野岳穂監訳『最新・経済地理学―グローバル経済と地域の優位性―』、日経ＢＰ、二〇〇八年。Saxenian, A. 2007. *The New Argonauts: Regional advantage in a global economy*. Massachusetts: Harvard University press.

荒井久夫「台湾ＩＴ産業の構造と発展要因」、専修大学社会科学年報（四〇）、二〇〇六年。

近藤尚武「アジア工業化における「頭脳循環」の意義にかんする一考察―台湾ＩＴ産業における帰還移民の事例を中心に―」、環境と経営（一六）、二〇一〇年。

佐藤幸人「台湾経済の二〇〇〇年代における発展と新たな転機」、ＳＯＫＥＺＡＩ（五五）、二〇一四年。

福井一喜「東京のベンチャーＩＴ企業をめぐる情報技術者コミュニティの役割―東京の大規模会合の分析を通して―」、経済地理学年報（六二）、二〇一六年。

福井一喜『自由の地域差―ネット社会の自由と束縛の地理学―』、流通経済大学出版会、二〇二〇年。
福井一喜『「無理しない」観光―価値と多様性の再発見―』、ミネルヴァ書房、二〇二二年。
李 詩欽「台湾ＩＣＴ産業の現状と将来の発展及び日台協力」、交流：台湾情報誌（九五九）、二〇二二年。
Aoyama,Y. 2009. Entrepreneurship and regional culture: the case of Hamamatsu and Kyoto, Japan. Regional Studies, 43.

（福井　一喜）

第3部

現代の東アジアにおける社会情勢

第10章 感染症差別のない社会を目指して
―ハンセン病対策の歴史に学ぶ―

はじめに

ハンセン病は、らい菌の感染によって引き起こされる『慢性細菌感染症』であるが、二つの理由で私たち人類にとって特別な意味を持つ疾病である。

一つはこの病気の症状が、皮膚に現れるだけでなく、病巣が末梢神経の中に形成されるために、病状が進むと様々な運動麻痺や変形がおこり身体障害者になることである。またこの病気は、直接命を脅かすことが少ないため、本格的な化学療法以前には外貌が変形した重症の患者が神社仏閣などで物乞いをする姿が見られ、人びとがこの病気を特別視する根拠になった。

もう一つは、この病気が流行の条件が整えば、人々の中に広く蔓延する『疫病』としての性格をもつことである。

東アフリカで誕生したハンセン病は、ホモ・サピエンス（現生人類）の移動に伴って広く地球上に拡散し、時代による消長を繰り返しながら今日に至っている。

ＷＨＯによると、二〇一九年中に世界で報告された新患は二〇万二一八五人でその数は最近一〇年間ほとんど減少せず、流行が終息する兆候は見られない。患者が特に多いのは、インド、ブラジル、インドネシアであるが、患者の分布には大きな地理的偏りがあり、新患の九五％は上位二三か国に集中している。ＷＨＯは、二〇一六年から二〇二〇年までの五か年計画として、早期発見早期治療によって身体障害の発生を防止し、患者や回復者の人権を守る活動の大切さを強調しているが、感染予防ワクチンがない現状では、『実用可能な発病予防手段』の開発が待たれる。

「感染症の予防及び感染症患者に対する医療に関する法律」（感染症法）の前文が指摘しているように、ハンセン病やエイズ対策について私たちはこれまで多くの過ちを犯してきたし、これからも犯す可能性がある。その意味で、ハンセン病問題から正しい教訓を学ぶことには今日的意義がある。

1 ハンセン病とらい菌

(1) らい菌の特徴

らい菌は一八七三年ノルウェーのハンセンによって患者の病巣から発見された。ヒトに対して極めて病原性が弱く、増殖速度（ダブリングタイム）も約一三日と極端に遅いために、多くの場合感染しても病気を引き起こすことなく末梢神経の中に生涯留まるが、宿主であるヒトの身体が『感受性体質』になると増殖しはじめ、ある量に達すると免疫反応が起こり、末梢神経や皮膚に症状が現れる。

らい菌は、ヒト、マンガベイモンキー、アフリカミドリザル、チンパンジー、ココノオビアルマジロ、キタリスに感染してヒトのハンセン病と同じような病気を引き起こす。

らい菌の研究は人工培養ができないために非常に困難であったが、八〇年代に分子生物学の技術が導入されたことで画期的に進歩し、ハンセン病医学を他の医学研究分野と比肩できるレベルにまで引き上げた。

二〇〇一年、Coleらによってらい菌ゲノムの全塩基配列が解読され、全長は三〇〇万塩基対で、結核菌の四分の三しかなく、しかも独立して生存するために必要な一一一六個の遺伝子が「偽遺伝子」となって働かなくなっており、他の生物の細胞の中に寄生して増殖するように退行的に進化した細菌であることが明らかになった。らい菌が人工培養できないのは、このような理由によるもので、らい菌が弱いからではない。

らい菌のゲノム解析は、応用面でも画期的な成果をもたらした。まず、PCRによって数一〇個という少数のらい菌でも確実に検出できるようになり、数か月かかっていた薬剤耐性の有無が簡単に分かるようになった。さらに、遺伝型の違いによって感染経路が追跡可能になった結果、家族内で複数人が発病した場合でも、感染源が異なることもまれではなく、必ずしも「家族間感染」でないことが明らかになった。

(2) ハンセン病の病型

ハンセン病には、ヒトの免疫力の個体差の反映として、L型、T型、B群、I群などの多彩な「病型」がある。防御免疫が働かないL型は、強力な抗菌薬を服用しないと菌が無限に増殖して重症になるが、免疫力が強いT型では皮疹の広がりは限定的で病巣中の菌数も極めて少なく、自然治癒する例も多く、中間的な免疫力を持つB群ではその程度に応じてさまざまな症状が現れる。また、そのいずれにも属さない極めて初期の状態をＩ群（未分化群）に分類する。

こうした免疫力による分類とは別に、「多菌型」（ＭＢ）と「少菌型」（ＰＢ）という二型分類が化学療法のために用いられている。ＭＢはほぼＬ型とＢ群、ＰＢはほぼＴ型とＩ群である。

(3) ハンセン病の治療

らい菌は病原性が弱いため病状や予後は多彩で、自然治癒したり、病勢の進行が止まる患者も少なくなかったが、本格的な化学療法以前の時代には、免疫力がないため次第に重症化する患者も相当数みられた。

一九四〇年代までのハンセン病は、大楓子がほとんど唯一の治療薬であったが、早期に治療を始めた患者の治療成績はかなり良かったようである。しかし、治療成績が格段に良くなり、全ての病型の患者が治癒するようになったのは、やはり『本格的化学療法の時代』を迎えてからである。

一九四三年に最初に用いられたのは静脈注射薬であるプロミンであったが、五〇年代に入ると、内服薬であるダプソン（ＤＤＳ）に切り替えられ、ハンセン病は外来通院で治療する病気になった。

ダプソン単剤療法は約二〇年間続けられたが、やがて薬剤耐性や服薬期間があまりにも長いなどの問題点が指摘されるようになり、ＷＨＯの主導で新しい治療方法である『多剤併用療法』（ＭＤＴ）が開発された。ＭＤＴでは、ＰＢにはリファンピシンとダプソンとクロファジミンの三剤を六か月服用させ、ＭＢには同じ三剤を一二か月服用してもらい、服用が終了した時点で、例え症状が残っていても［治癒］と判定することになった。

ＷＨＯは、月に一度定期的に通院して医療職員のチェックを受けて薬を無料で受け取るシステムを普及させ、不規則治療や脱落者をなくす制度を整備し、ＭＤＴを受けている者だけを「患者」と定義することで統計の信頼性を向上させた。

ハンセン病の治療で重要なのは、神経麻痺による各種の病態に対処することである。治療の基本は他の原因による末梢神経麻痺と同じであるが、運動麻痺や変形に先行する知覚麻痺に注意が必要である。最も頻度が高く患者を悩ませるのは「足底潰瘍」であり、整形外科的ケアが必要になる。また眼科領域では、兎眼による角膜損傷や虹彩炎などに留意する。

(4) ハンセン病の遺伝性＝「ゲノム医学」の答え

ハンセン病と遺伝の問題は特別にデリケートな問題である。江戸時代の医学では、ハンセン病を「血筋の病」と教えていたので、近代になっても多くの日本人はハンセン病を遺伝する病気と誤解し、血統を重んじる日本の伝統的思考を背景として、日本におけるハンセン病差別の大きな思想的支柱になってきた。このため「啓発活動」では遺伝病でないことが強調されるが、「遺伝性疾患」の患者や家族に対する偏見や差別を助長しない配慮が求められる。

病気と遺伝の問題は、近年急速に発展している『ゲノム医学』が明らかにした『疾患関連遺伝子』の存在で説明できる。

ヒトが罹る病気は、遺伝学の見地から『単一遺伝子疾患』、『多因子疾患』、『遺伝子が全く関与しない疾患』の三つに大別されるが、私たちが身近で経験する病気のほとんどは「多因子疾患」である。これは遺伝効果の小さい複数の遺伝子の共同作用で形成される「遺伝要因」が、「環境要因」の影響を受けながら発現してくる疾患で、ハンセン病もその一つである。これまでに発見された遺伝子は、「自然免疫」や「獲得免疫」や「ＨＬＡ型」を決める遺伝子などであり、ハンセン病に特有のものはない。

これらの最新の知見を総合すると、ハンセン病はいわゆる「遺伝病」でなく、他の普通の病気（Common diseases）と同様の「多因子疾患」であり、らい菌の感染を受けた個体が、複数の疾患関連遺伝子によって構成される「遺伝要因」に「環境要因」が加わって形作られる『感受性体質』になった時に発病する「慢性細菌感染症」であると結論される。

（5）らい菌感染とハンセン病の疫学

らい菌の感染源や感染経路については、「らい菌は感染力が弱いので、多菌型患者と幼少期に繰り返し濃厚に接触した場合に感染する」という説が喧伝されている。しかし、この説では説明できない多くの疫学的事実がある。例えば、この濃厚接触感染説が正しいのであれば、ほとんどの患者は家族内感染でなければならないが、現実には多くの患者は感染源が分からないのである。患者の多くは本人が気付かない程度の菌との接触で感染しているというのが正確な答えである。

らい菌の感染源については、患者以外の感染源の探索も進んでいる。例えば、かつてハンセン病が多発していた沖縄のある島で、患者がゼロになった後で生まれた小学生の五〇％が血中に抗らい菌特異抗体を持っていたという阿部の研究や、四〇年も前に患者が発生しなくなったノルウェーの流行地のミズゴケの表面から生きているらい菌が見つかったというKazda

らの報告がある。さらに、らい菌の遺伝型を用いたより詳細な解析では、らい菌陽性の生活用水を洗濯や水浴に使っている住民は、陰性の水を使っている住民の三倍以上ハンセン病に罹患しており、水中のらい菌とその地域の患者の菌の遺伝型の分布が統計学的に一致するというマルク諸島（インドネシア）での和泉らの調査報告がある。

これらの研究結果を総合すると、らい菌の主要な感染源は生活環境中にある菌で、それが呼吸によって吸入され、鼻粘膜を通して感染するというルートが考えられ、患者はらい菌の主要な感染源ではないと推測される。事実、戦前の日本では、患者の隔離を強化しても発病者の減少が加速されなかったし、ノルウェーやハワイでも同じ結果が得られている。

(6) 近代ハンセン病医学の誕生と科学的ハンセン病対策の成立

近代ハンセン病医学はノルウェーで誕生し、それに基づく科学的で人道的なハンセン病対策の基本原理を確立して世界をリードしたのはノルウェー人であった。

一九世紀中葉、患者が増加に転じたノルウェーで、近代ハンセン病医学がダニエルセンらによって始められ、一八七三年ハンセンがらい菌を発見した。

ハンセンは実験室での研究を続ける一方、ハンセン病対策医務官として、感染症説にもとづく科学的ハンセン病対策のために尽力した。

ハンセンは、伝染予防の基本は「感染源の隔離」であると考えたが、ハンセン病は超慢性の疾患で蔓延状況に大きな地域差があり、病状や予後だけでなく患者の生活状態も多様であったために、それに見合った多様な対策が必要であると考え、それを四つにまとめている。

（1）ハンセン病の伝染は個人と家庭における厳重な清潔法で予防できる

（2）患者の隔離は患者の郷里において有効に実施できる

（3）多数の貧しい患者がある地方では、自宅隔離法はおおむね不十分になるので、国は管理のために担当者を派遣する必要がある

（4）入院は、状況の如何に従い、患者の自主に任せるかまたはこれを強制する

（アルマウエルハンゼン「癩患者ノ随意的或ハ強制的離隔」『医事新聞』五三〇号、一八九八年）。

これを見れば明らかなように、ハンセンが進めていた「隔離」の基本原理は、病原菌と健康者の「分離」であり、患者の施設収容だけを意味するものではなかった。経済的に可能であれば、居室を分けてベッドを共にしないことで家族を感染源から隔離するが、それが不可能な貧困者が多い地域では公的な支援や介入が必要であり、入院についても強制の余地は残

しながらも基本は病状などに合わせて患者が自主的に決められるように配慮されている。また、長期にわたる療養のためには、患者を生まれ故郷から引き離さないことも人道的配慮として大切であるとハンセンは考えていた。

こうした対策を遂行するために、ハンセンは議会に働きかけて法律を制定した。当初は人権侵害の危険があると反対が多かったが、おおむね人道的に運営されたため反対はやがて収まったという。

このノルウェーで実施された方式は、世界の近代ハンセン病対策の基本として広く受け入れられ、各国の事情に合わせて少しずつ形を変えながら普及していった。例えば、当時オランダの植民地だった蘭領東インド（現在のインドネシア）では、自宅の庭に小屋を建てて家庭内隔離をした写真が残っているし、わが国でも初期の近代ハンセン病対策の基本理念はこのノルウェー方式に則ったものであった。

2　本格的化学療法の時代―隔離政策の放棄と特別立法の廃止―

その後世界のハンセン病対策は、ハンセン病医学の進歩に伴って、患者の人権により深く配慮した対策に変わっていった。患者の収容隔離については、流行度の高い国では必要と認めながらも、隔離の弊害にも注意が払われた。厳しすぎると患者が隠れてしまい、早期発見・早期治療の機会が失われるだけでなく、重症化した患者が周りの健康者に菌を感染させる危険が高まると考えられたからであった。特に大風子がほとんど唯一の治療薬であった時代には、早期治療が必須であった。

ハンセン病医学の進歩の中でもうひとつ重要な発見は、T型のように病巣中の菌数が著しく少なく、隔離を必要としない患者がかなりの数いる事実の発見である。わが国では全患者の隔離を目指したが、その医学的正当性は早くも一九二〇年代には失われていたのである。

こうした流れの後、世界のハンセン病対策にかつてなく大きな変化をもたらしたのは、経口スルフォン剤ダプソンの導入であった。全ての病型の患者が外来通院で完治するようになると同時に、化学療法中の患者は感染源にならないことが明らかになり、菌の感染予防を目的とした隔離も必要がなくなった。事態は抜本的に変化し、日本を除く各国では、一九五〇年代に新患の療養所への入所が中止され、六〇年代には「らい予防法」も廃止され、「隔離の時代」は六〇年以上前に永遠に幕を閉じたのである。

ハンセン病の化学療法はその後さらに進歩し、一九八〇年代にはＷＨＯ方式による「多剤併用療法」（ＭＤＴ）が導入されて普及したため、治療成績が著しく向上すると共に、服用期間も六か月または一年と短期間ですむようになった。ＭＤＴの導入で治療に難渋する患者が極めて少数になり再発の危険もほとんどなくなった。現在多くの流行地では、貧しい患者でも治療が受けられるように、治療薬を無料で配布する体制と不規則治療を防ぐための管理体制が整備されている。

3　わが国近代ハンセン病対策の成立と変遷─世界と真逆の道を歩んだ日本─

日本の近代ハンセン病対策は、隔離を緩和する方向に進んだ世界の潮流とは真逆に、時代の変遷と共に隔離を強化して人権無視の『絶対隔離絶滅政策』に突き進み、今日の悲劇的な状況を作り出した。その誤った政策によって生み出された一世紀に及ぶ悲劇の歴史も、まもなく終焉を迎えようとしている。

わが国が近代国家として歩み始めた一五〇年前、日本には江戸時代から引き継いだ約三万人のハンセン病患者がおり、そのうち一万人は極貧の人びとであったが、ほとんどの日本人は無関心であった。この悲惨な状態に手を差し伸べた外国人慈善活動家に刺激されて公的ハンセン病対策が始まり、一九〇七（明治四〇）年に『癩予防ニ関スル件』が制定され、二年後の一九〇九（明治四二）年には全国五か所に連合道府県立の療養所が開設された。この法律は、感染予防を主要な目的とする衛生立法ではなく、浮浪する患者の施設収容を一義的な目的とする救貧立法であったため、当初一二〇〇人を収容しただけで、残りの患者は従来通り社会で暮らしていた。そうした患者の診療を担ったのは、江戸時代からハンセン病医療に関わってきた漢方医や、近代西洋医学の医師たちであった。多くの大病院にはハンセン病患者が通院しており、京大では皮膚科の外来患者の三％がハンセン病であったという。絶対隔離政策が確立するまでは、日本の近代医学・医療はハンセン病を普通の病気として扱っていたのである。

法律に基づく患者の収容が始まって一〇年後の一九一九（大正八）年、全国一斉調査が行われ、推定患者数は二万六三四三人に減少していたが、収容患者は一〇年間で三三〇人増えただけであった。この状況に危機感を抱いた国は、『根本的癩予防策要綱』を策定し、感染予防上特に必要な患者を収容するに足る程度にまで療養所を拡充すること、資力のある患者が自前で家を建てられる「自由療養地区」の設置などで予防対策を充実する方針を打ち出し、一九三一（昭和六）年『癩予防法』を制定して、全患者を療養所に強制隔離してハンセン病の根絶を図る体制を作りあげた。

『癩予防法』の制定は、日本のハンセン病法制が、従来の「救貧立法」から「衛生立法」に大きく舵を切ったことを意味している。政府は一九三五（昭和一〇）年に『癩根絶二〇年計画』を決定し、一九四一（昭和一六）年には病床数が一万床になり、全患者を強制収容する体制が整った。

政府はこの政策を進めるために広く国民を動員する『無らい県運動』を展開し、患者を地域社会から炙り出す「申告投書」（密告）を奨励して在宅患者ゼロを県ごとに競わせた。事実このころから毎年の収容患者数はうなぎのぼりに増え、定員超過などにより療養環境が悪化しさまざまな問題が発生した。さらに年月が進み日本が戦争一色に染められると、ハンセン病患者は療養所に入所して「祖国浄化」に協力することが美徳であり義務であるとする風潮が高まったが、その形成と促進過程でも「無らい県運動」は重要な役割を果たした。

戦争が激化するにつれて療養所でも医療や生活条件が極めて劣悪になり、毎年二〇％以上もの入所者が死亡する事態に陥った。また、かろうじて生き延びた患者も、敗戦を迎えた時には過酷な園内労働によって身体障害が重度になっていた。

4 戦後も続けられた「絶対隔離絶滅政策」

アジア太平洋戦争の終結は、日本のハンセン病患者にとって二つの意味で明るい未来を約束するものであった。一つは全ての国民に基本的人権を保障する「日本国憲法」が制定され、これに抵触する「癩予防法」についても見直される可能性が出てきたこと、もう一つは本格的な化学療法時代の到来である。日本のハンセン病政策を根底から軌道修正する絶好の機会であった。

返す返すも残念なのは、この抜本的な政策転換が絶対隔離論者の激しい反対で葬り去られ、全患者を収容隔離する従来の療養所中心の方策が継続されたことである。化学療法によって世界が方針を根本から見直しつつあるという歴史的な情勢の変化は全く考慮されなかった。

一九五三（昭和二八）年に政府は、患者の激しい抗議を押し切って終生隔離を基本理念とする『らい予防法』を制定すると共に、一般病院でのハンセン病治療を不可能にして絶対隔離政策を続けた。敗戦前にも増して「無らい県運動」が活発に展開され療養所に収容された患者数はこの頃が最多になっている。こうして隔離政策が急速に厳しくなる中で、国民の中に造成されていたハンセン病に対する恐怖心と差別意識はさらに強まり、一家心中など多くの悲劇が生まれ、ハンセン病患者であったFさんが、冤罪で処刑された菊池事件が起きた。

その後各方面から繰り返し予防法の改正が模索されたが、絶対隔離政策の不条理を根源的に問う関係者は極少数に止まり、絶対隔離政策は少しずつ修正されながら一九九六（平成八）年の『らい予防法の廃止に関する法律』の制定まで続いたのである。

因みに筆者は、一九七八年に日本のハンセン病の状態を疫学的に分析し、らい予防法の存在そのものが社会的不条理であり、「改正」ではなく「廃止」するのが唯一の正義と主張したが理解が得られず、廃止が実現したのは実に一八年後であった。

5　ハンセン病国賠訴訟と国の謝罪

驚くべきことに、政府は九六年に予防法を廃止しただけで、長年にわたる絶対隔離絶滅政策の誤りを認めなかったため、一九九八（平成一〇）年、国の謝罪と人権回復を求めて「『らい予防法』違憲国家賠償請求訴訟」が熊本地裁に提起された。第一次提訴では原告が一三人という少数だったが、裁判が進むにつれて明らかになった被告国の応訴態度に回復者の怒りが爆発し、東京地裁と岡山地裁でも裁判が始まり、最終的には原告が二〇〇〇人をこえる大きな裁判になった。

元々この訴訟は、九州の療養所にいたひとりの入所者が、一九九五年に九州弁護士連合会に手紙を送り、らい予防法について法曹界が何らの見解も示さず、傍観しているのはなぜかと問いかけたことから始まった。この問いかけに応えた九弁連の弁護士が行動を起こし、ハンセン病元患者や園当局の様々な妨害を排除しながら準備を進め、提訴までもっていった経緯がある。

一九九八年五月に始まったこの裁判では、和泉眞藏（大島青松園外科医長）、大谷藤郎（元厚生省医務局長）、犀川一夫（沖縄愛楽園名誉園長）、青木美憲（現邑久光明園長）の四人の専門家証人の証言が重要な役割を果たし、被告国の弾力的運用という主張や除斥期間論などの誤りをことごとく論破して原告勝訴に道を拓いた。

二〇〇一（平成一三）年原告は完全勝訴を勝ち取り、小泉首相が控訴を断念したため、判決は確定し、それに伴って東京と岡山での裁判も終結した。この裁判で画期的だったのは、行政府だけでなく、国会の立法不作為も断罪したことである。後に国会は提訴しなかった入所者にも同額の補償をする「補償法」を成立させ、二〇〇八（平成二〇）年には「ハンセン病問題の解決の促進に関する法律」（ハンセン病基本法）が制定され、その第五条で、地方公共団体に、残された問題の解決に努める責務が規定された。最後に残された問題は家族の受けた被害だったが、二〇一六年から二〇一九年まで熊本地裁で家族訴訟が闘われ、二〇一九年に原告勝訴が確定した。この判決で画期的だったのは、偏見差別の解消のための責務を、厚労省だけでなく、文科省や法務省にも課したことである。

こうして、行政、立法、司法の三権全てが誤りを認めて謝罪したが、司法には「特別法廷」問題が残っている。特別法廷というのは、ハンセン病患者である刑事被告人を、正規の裁判所ではなく、療養所の中など特別な場所で裁いた事件である。最高裁にはそれを許可した責任が問われている。最高裁は誤りを認めているが、個々の裁判の再審には応じていない。

6　ハンセン病対策の過ちからCOVID-19を考える

二〇一九年の秋、武漢で始まったCOVID-19のパンデミックは、一〇〇年に一度の疫病の大流行で、三年たった現在でも、このパンデミックがどのような形で収束するか、また終息後にどのような社会が待っているか、正確に予測できる人はいない。ただ、私たち人類は、これまでも様々な病原微生物と闘いながら共生してきたし、これからも共生して行くほかないことは確かである。とすれば、ひとつの病気を特別に悪質な病気と考え、どんな犠牲を払っても絶滅しようと考えることは明らかに誤りである。

かつて私たち日本人は、ハンセン病を特別に悪質な国民的恥辱病と考えて患者を差別し排除する「絶対隔離絶滅政策」を推し進め、多くの人に取り返しのつかない「人生被害」をもたらす過ちを犯した。これに対して私の学問上の恩師である京大の小笠原登は、昭和の初期に「癩の極悪性の本質について」という論文を書き、隔離政策に抗して京大病院という一般病院でハンセン病の外来と入院治療を行った。その伝統は現在でも京大病院の中で生きている。

感染症対策の基本は、患者を排除するのではなく社会の中に温かく受け入れて最善の治療を提供することである。コロナ禍後の社会は、感染症差別のない社会になると私は信じている。

【参考文献】

和泉眞藏（二〇〇五）『医者の僕にハンセン病が教えてくれたこと』シービーアール。

村上絢子・和泉眞藏ほか編（二〇二三）『告発　ハンセン病医療　多磨全生園医療過誤訴訟の記録』皓星社。

（和泉　眞藏）

第11章 自治体における多文化共生とTAPE行政

はじめに

最近、日本では「国際化」という言葉を頻繁に耳にしなくなってきた。それだけ、日本人にとって、海外からの来訪者は当たり前のことになってきているし、日本人が海外に行くことも珍しくない。実際、銀座、新宿、渋谷、池袋などの都心の商店街、京都、金沢などの国際的に有名な観光地には、海外からの観光客であふれかえっている。このような状況の中で、「国際化」という言葉の代わりに、国や自治体などでは、「多文化共生」を使うようになっている。本章では、この多文化共生とはいかなるものか、そして、多文化共生への対応として、われわれにはどのようなことが必要とされるかということを述べていきたい。

やや結論じみたことをいえば、多文化共生のさまざまな課題解決のあり方として、「ガバナンス」(「協治」と訳される)が求められている。これは、市民、企業、学校、町会自治会、

NPOなどの市民団体、さらに自治体など多くの活動主体が関わり、ネットワーク型の課題解決を行うものである。海外の方々が増えていることにより起こる多種多様な問題を解決するために、ガバナンスの構築が叫ばれてきた。また、ガバナンスにおいて、自治体は後述する「TAPE」(透明性、説明責任、参加、公平性)を基本としたTAPE行政を実践する。この多文化共生におけるガバナンスも究極的には、従来から「島国」といわれた市民の意識が変わらなければうまくいかないといえる。

1 多文化共生の概念

(1) 定義

現在、自治体の中でも、日常的に「多文化共生」ないし「多文化共生社会」という語がよく用いられる。多文化共生とは、総務省は「国籍や民族などの異なる人々が、互いの文化的ちがいを認め合い、対等な関係を築こうとしながら、地域社会の構成員として共に生きていくこと」という定義をする(総務省、二〇〇六)。また、山脇は「国籍や民族などの異なる人が、互いの文化的な違いを認めながら共に生きていくこと」(山脇、二〇〇六)とし、宮城県の「多文化共生社会の形成の推進に関する条例」（以下、「多文化共生条例」では、多文化共生社会について、「この条例において『多文化共生社会』とは、国籍、民族等の異なる人々が、互いに、文化的背景等の違いを認め、及び人権を尊重し、地域社会の対等な構成員として共に生きる社会をいう。」（同条例二条）とする。

いずれにしても、多文化共生および多文化共生社会とは、「国籍や民族などの異なる人々」が「文化的」な「違いを認め」、地域社会の「対等な」構成員として、「共に生きる」ということがその言葉のポイントとなっている。つまり、①国籍・民族の文化的異質性、②相互認容性、③対等と共生、という三つがそれらの語を理解する際の手がかりとなる。

(2) 沿革―「国際化」から「多文化共生」へ―

日本において、「国際化」政策は、自治体から始まった。その最初のものは、一九五五年の長崎市とセントポール市（アメリカ・ミネソタ州）との姉妹都市提携とされる。ただし、外国人政策としては、一九七〇年代まで、外国人住民大半を占める在日韓国・朝鮮人の方々を対象としたものであった。ことに、一九七一年、神奈川県川崎市で、伊藤三郎市長が誕生して、川崎市が革新自治体と呼ばれるようになってから、一気に人権問題の関係から、その政策が進展する。姉妹都市政策は、一九八九年、国が姉妹都市提携に対する特別交付税措置を実施したこともあり、一九八八年に七〇〇件であった提携件数が二〇二三年には一七九六件となっている。

一九八〇年代以降、経済のグローバル化進展により、国境を越えた人の移動が活発化する。中国帰国者・インドシナ難民の受け入れなどをはじめとして、「留学生受入れ一〇万人計画」が提唱され、外国人住民数は増加していく。

一九八七年以降、三年間で、国は「国際交流」をテーマに政策を展開する。一九八七年には、旧自治省の「地方公共団体における国際交流の在り方に関する指針」が、一九八八年には、同「国際交流のまちづくりのための指針」が策定された。一九八八年、地域の国際化を推進していくための自治体の共同組織として、自治体国際化協会（ＣＬＡＩＲ）が創設されている。一九八九年には、旧自治省が自治体に通達した「地域国際交流推進大綱の策定に関する指針」により、地域レベルの国際化を推進するための中核的民間国際交流組織として「地域国際化協会」が設立されていく。このように、国主導で、国際化の政策が推進されていった。

一九九〇年代、「出入国管理及び難民認定法」が改定され、日系南米人の来日が盛んとなる。愛知県・静岡県・群馬県などで大幅にその数が増加していく。アジアを中心とする国々からは、研修生・技能実習生の名の下に、多くの人々が押し寄せるようになった。その結果、自治体では、松下圭一氏がいうように「目を内に向け、外国人と共生する地域づくりこそが自治体の国際政策の本来の課題」であるという「内なる国際化」施策が叫ばれるようになっていく。その結果、自治体では、外国人住民施策の体系化・総合化が図られ、この基本指針・基本計画が策定されるようになっていった。この内なる国際化は、現在の多文化共生と同義といえる。

外国人住民の増加による問題も深刻になっていく。二〇〇一年、日系南米人が集住する自治体首長が集まって初の「外国人集住都市公開首長会議」が静岡県浜松市で開催された。この会議では、「日本人住民と外国人住民が、互いの文化や価値観に対する理解と尊重を深めるなかで、健全な都市生活に欠かせない権利の尊重と義務の遂行を基本とした真の共生社会の形成を、すべての住民の参加と協働により進めていく」という浜松宣言が出された。

この宣言は、自治体側から、目指すべき社会のあり方として「共生」の理念が掲げられ、その政策実施の方法として、「住民の参加と協働」が示されたことに意義があった。この宣言の考え方の流れは、国にも大きな影響を及ぼす。それが、総務省が策定した「地域における多文化共生推進プラン」（二〇〇六年）に表れている。これ以降、自治体の国際化政策は「多文化共生」へとシフトする。

多文化共生という言葉は、一九九三年、川崎市の市民団体の活動に関する新聞記事で登場する。その後、自治体の外国人住民政策のスローガンとして広まっていく。日本の自治体の国際化政策では、これまでは「国際交流」「国際協調」が海外の自治体や市民との交流・協力活動を想定してきた。それに対して、多文化共生は、在住外国人の人権保障や地域づくりなどを目標とした理念型の政策となり、前者の交流や協力とは政策の質が異なっている。

二〇〇六年三月、総務省の「多文化共生の推進に関する研究会」が報告書を出したことによって、多文化共生社会に向けた動きは大きく前進した。二〇〇七年七月、宮城県で「多文化共生社会の形成の推進に関する条例」が全国に先駆けて制定された。二〇〇五年、川崎市と立川市が多文化共生を謳った指針と計画をそれぞれ策定した。宮城県条例はそうした動きの延長線上にあったが、条例制定という点では、指針や計画とは比較にならない法的な重みをもつ。

現代社会においては、グローバル化が進む。仕事や留学で海外に滞在する日本人が増えており、国際結婚の増加もあり、日本人は言語・文化的な際による問題を抱えるような状況になる局面も増えている。そこで、自治体は、国籍の枠組みを超えた住民福祉の観点も必要となり、多文化共生の問題に取り組むことが求められるようになっている。その観点でいえば、これまでとは異なり、国際化に関わる政策は「総合政策」として実施されなければならないという様相を呈している（杉澤、二〇一三）。

（3） 日本における外国人住民

このような多文化共生社会が標榜される現代の日本において、外国人がどのくらい在住しているのかが重要である。その数次第によって、政策の質も異なってくる。アメリカのように移民政策と呼ばれるような政策へ転換する必要性があるからである。

二〇二三年末の在留外国人数は、三四一万九九二人で、過去最高を更新した。前年末（三〇七万五二一三人）に比べ、三三万五七七九人（一〇・九％）増加した。性別では、男性が、一七一万三九七七人（構成比五〇・二％）、女性が、一六九万七〇〇一人（同四九・八％）、その他（旅券上の性別の記載に基づき、在留カードの性別表記が空欄となっている者）が一四人であった。この在留外国人数は日本の総人口の約二・七％を占める。

都道府県別では、在留外国人数が最も多いのは、東京都の六六万三三六二人（前年末比六万七二一四人、一一・三%増）で全国の一九・四%を占める。次いで、愛知県の三一万八四五人大阪府の三〇万一四九〇人、神奈川県の二六万七五二三人、埼玉県の二三万四六九八人と続く。

国別でいえば、在留カード及び特別永住者証明書上に表記された国籍・地域の数は一九五（無国籍を除く）であった。その人数としては、一位が中国の八二万一八三八人（前年度六万二七五人増）、二位はベトナムの五六万五〇二六人（前年度七万五七一四人増）、三位が韓国の四一万一五六人（前年度一一五六人減）、四位がフィリピンの三二万二〇四六人（前年度二万三三〇六人増）、五位がブラジルの二一万一八四〇人（前年度二四一〇人増）となっている（以上、法務省ウェブサイト：https://www.moj.go.jp/isa/publications/press/13_00040.html）（最終閲覧日：二〇二四年六月三〇日）。

二〇二二年一〇月末、東京近郊の松戸市では、過去最高の一万七七九一人、総人口四九万七四三三人の約三・五七%にあたる在留外国人が生活をしている。一〇年前の一万七六一人と比較すると、在留外国人は約一・六倍となった。今後、さらなる増加が見込まれることから、これからは国籍等に関係なく、市民が共に支えあえる多文化共生社会を目指していくことが喫緊の課題となった。そのため、松戸市は、日本人市民と外国人市民がさまざまな価値観を認め合いながら、共に学び、共に働き、共に安心して暮らすことができる「多文化共生社会」の実現を目指していくため、二〇二三年二月、「松戸市多文化共生のまち推進指針」を策定し、多文化共生推進への理念や基本方針を示すこととした。かつては、外国人住民が多く、外国人労働者が急増した自治体などで関心があった多文化共生政策は、今後、日本各地で展開されていくだろう（松戸市ウェブサイト：https://www.pref.chiba.lg.jp/kokusai/toukeidata/gaikokujinjumin/r0506zairyugaikokujinsu.html）（最終閲覧日：二〇二四年六月三〇日）。

（4）政策主体

多文化共生政策を担っているのは、多くの活動主体である。国、自治体、国際交流協会、市民、ＮＰＯ・ＮＧＯ等、学校、自治会・町内会、商店会などの数多くの活動主体がこれに当たっている。前述した宮城県多文化共生条例では、「多文化共生社会の形成の推進は、県、市町村、事業者、県民等の適切な役割分担の下に協働して行われなければならない。」（上掲条例三条二項）としている。

（5）実際の多文化共生政策（国際政策、外国人住民政策）

実際の多文化共生政策は、自治体の国際交流担当課、国際交流協会が中心となって実施されている。自治体によっては、観光に関することであれば、商工観光課が関わる。松戸市では、国際担当課および協働事業などで、情報提供、日本語学習支援が行われている。なお、仙台市、浜松市などの政令市、宮崎県などは、国際交流協会が多文化共生政策の核となり、充実した施策展開をしているということで有名である。

2 多文化共生政策の展開――ガバナンスとTAPE行政――

（1）ガバナンスとは？

1　ガバメントからガバナンスへ

「ガバメント」（Government）とは、従来の統治構造を指す。政府が市民や企業を統治し、さらにこの政府においても、国が地方自治体を統制するというタテ型の政治システムである。それに対して、「ガバナンス」（Governance）とは、国や自治体という政府が民間企業や市民と協働し、さらにＮＧＯやＮＰＯが政府などの活動を補完するようなヨコ型の政治体制を

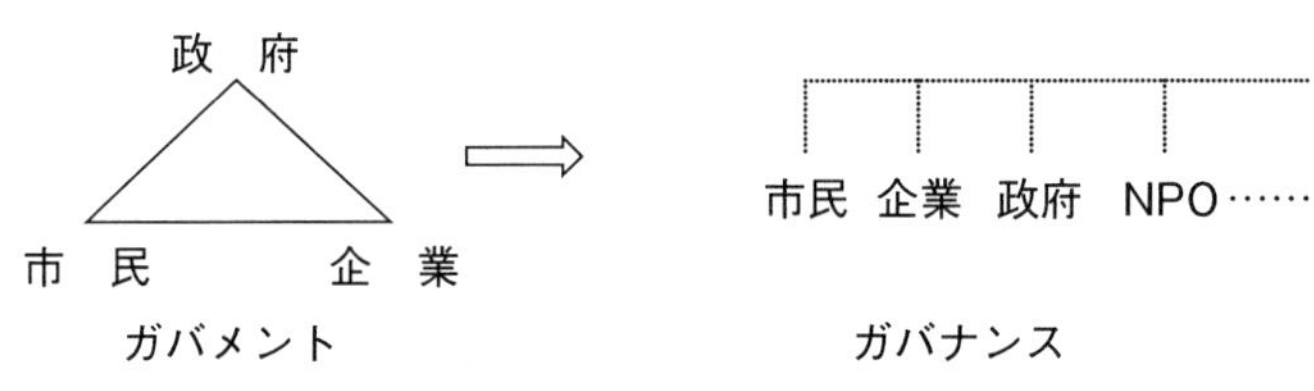

図11－1 ガバメントからガバナンスへ

（出所） 筆者作成（中邨、2003、坂野、2008）。

いう。企業統治と訳される「コーポレート・ガバナンス」と異なることを強調して、「パブリック・ガバナンス」ということもある。この概念は、政府のみならず、統治の担い手として、企業、市民、NGO・NPOといったさまざまな主体が協働しネットワーク化されることから、「ガバナンス」は「協治」「共治」と訳されることもある。各主体がネットワーク化され、つながることにより、個々で各々の活動を行っているよりも、個別課題にも包括的な課題にも対応できる強みをもつ。ガバナンスは、統治における多元的活動主体の参加によるネットワークであるといえる。

つまり、「ガバメントからガバナンスへ」とは、タテ型の統治からヨコ型の協治へという政治システムの変化を表したものだけでなく、多様な課題が噴出している現代の統治システムのあり方であるということができる（中邨、二〇〇三、坂野、二〇〇八）。

2　TAPEとは

上述したガバナンスには、TAPEという要件が求められる。これは、透明性（Transparency）、説明責任（Accountability）、参加（Participation）、そして公平性（Equity）の頭文字を組み合わせた、中邨章氏の造語である。

たとえば、ガバナンスにおいては、情報公開制度などを用いることにより、行政がガラス張りにされ、その「透明性」が高められる。多様な活動主体の参加の前提としては、その活動の透明性が求められよう。これによって、協働で提供している公共サービスに対する正否が明らかになる。行政のみならず、公共サービスを提供しているすべての活動主体に「説明責任」が問われることになろう。また、透明性の向上は公共への「参加」を容易にする。ただし、参加への公平は保たれ、公共が行うサービスは「公平」に行われる必要がある。ガバナンスでは、統治ないしは公共の担い手は、行政のみならず、市民や企業、さらにNPOなど多種多様である。行政だけではなく、多種多様な公共の担い手は、TAPEにもとづき、その活動を展開する。ヨコ型の統治だからこそ、各主体のパートナーシップ、すなわち協働が必要となる。

(2) TAPE行政と多文化共生政策

1 TAPE行政

ガバナンスの要件であるTAPEを基調として展開される行政を「TAPE行政」とよぶ。現代においては、行政だけで公共サービスを供給することはもはやできなくなっている。そのため、市民、企業、NPO・NGO、町内会・自治会等の地域団体、学校など、さまざまな活動主体と協働・連携しながら、公共サービスが実施されている。まさに、ガバナンスの時代である。

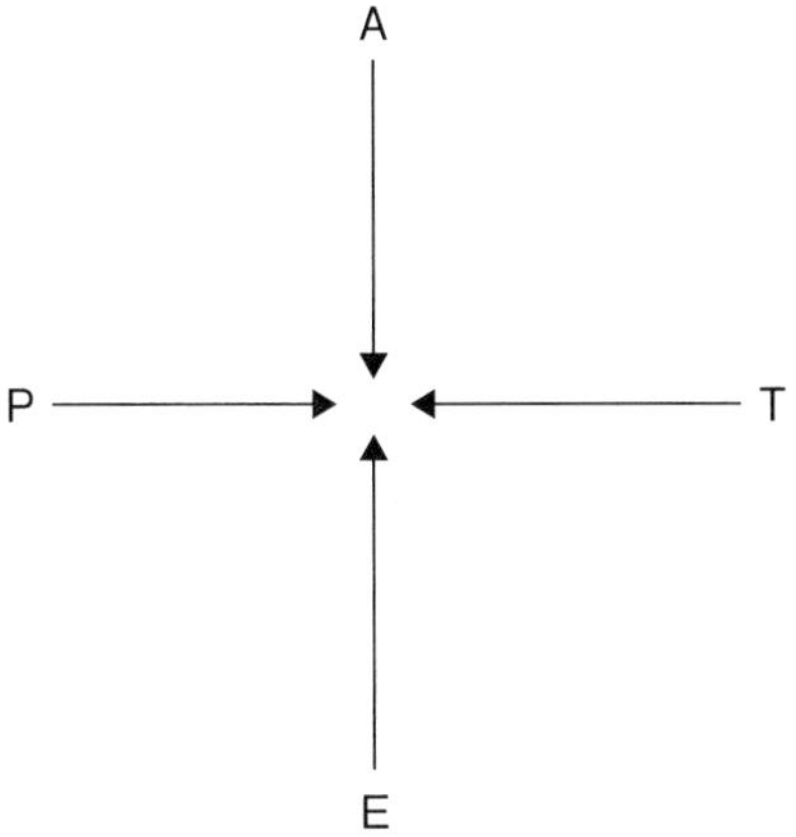

図11－2 TAPEの求心性
(出所) 筆者作成。

このTAPEの四つの構成要素をそれぞれ考えたとき、現代は、透明性が高く、説明責任の度合いも高く、参加指数も高く、公平性も高いという四高でなければ、政策実施はままならない状況である。ことに、国民・住民に身近な公共活動になればなるほど、四高は高くなる。つまり、これからの公共サービスまたは行政活動においては、ＴＡＰＥは高い状態であることが求められ、四つの構成要素は求心力が働く。一つでもその要素が欠けたとき、協働活動が崩れる可能性があるからである。本来ならば、指数は遠心的に示されるものであるが、これからの公共活動ないしは行政活動は指標の向きを中心に高めるように記すことがよいのではないだろうか。

2　多文化共生政策

多文化共生政策は、多様化する住民の実情に即したものをどのように展開するかが問われる。そのため、住民と身近な行政である基礎自治体が核となるべきであるとされ、基礎自治体を基盤とした範域で展開されることが好ましい。先述したように、多文化共生政策は問題が複雑・多岐にわたる。また、多言語・多文化におけるような課題を解決するためにも、多文化化の問題に詳しい専門家や多言語に対応できる人材が求められる。これらを基礎自治体のみで解決することは非常に困難である。そこで、国や広域自治体である都道府県、さらに近隣市区町村といった広域連携での課題解決もあろう。従来、このようなことを自治体間でも行ってきたが、それらも行政資源の限界がある。そこで、九〇年代から注目されてきたのが、市民参加、民間企業、ＮＰＯ・ＮＧＯ、さらに大学をはじめとした学校との連携・協働であった。まさに、多文化共生政策には、ガバナンスによる課題解決が進められているのである。その意味でも、TAPEの持つ意味は大きく、ガバナンスがこの分野の課題解決で進むほど、TAPE行政がさらに浸透するようになる。

現在、多文化共生政策の実施は、多文化化による課題分析・把握のための専門知識や協働型で課題解決をするための幅広いネットワークをもつ専門人材の確保が重要となっている。このような点については、行政職員は異動があり、その業務を継続的に携わることができないため、組織自体が公民協働を推進している地域国際化協会の専任職員がその役割を果たしている。少なくとも、自治体ないしは国際交流協会に多文化化の専門要員、すなわち「多文化社会コーディネーター」といわれる人材がいるのであれば、多文化共生政策の実施は可能になる。彼らとともに、この政策の立案などができるならば、立案された政策の実現可能性は高い。

実際の多文化共生政策は表11－1のように分類することができる。

自治体の多文化共生政策は、①情報提供、②教育支援、③対話支援、④参加を大きく分けることができる。①の情報提供では、母語が日本語でない住民に対して、日本語を母語とする住民同様にどのくらいの言語で自治体情報を知らせることができるかということが問われ

表11－1　自治体の多文化共生政策の分類

施策	具体例
①情報提供	生活関連外国語ウェブサイト（豊田市など）、災害時ネットワークづくり（横浜市）
②教育支援（含・国際理解教育・国際交流）	a. 学校教育（就学・学習支援） 指導等協力者派遣事業（川崎市）、カナリーニョ教室（浜松市）、子ども多文化共生センター（兵庫県） b. 社会教育（日本語学習支援） 識字学級・社会人学級（川崎市） cf. ふれあい館（川崎市）：公民館・児童館統合施設
③対話支援（相談、通訳など）	外国人のための「一日インフォメーションサービス」（大阪府）、外国人のための法律・健康相談（群馬県）、医療通訳派遣システム構築事業（神奈川県）
④参加（含・まちづくり）	川崎市外国人市民代表者会議（川崎市）、みやぎ外国人懇談会（宮城県）、地域共生会議（浜松市）、住民投票条例（高浜市などをはじめ多数）、自治基本条例　→　外国人参政権

（出所）　峰岸（2004）を一部修正。

る。地震が多発する日本では、危機管理の面からも住民への情報提供が必要である。②教育支援は、子どもの学校教育とそれを除く青少年・成人に対して行われる社会教育に対してなされる。子どもの教育については、日本語習得困難や不就学問題など、さまざまな問題が生じている。この解決策として、中野区国際交流協会の取り組みが興味深い。中野区交流協会では、平成元年、当該協会が設立されて以来、二三年間、日本語を学ぶための「日本語講座」システムをボランティアと共に構築し、地域の多文化共生に尽力してきた。日本語を基本として、外国人の子どもたちに教育支援を継続的に行っており、各地の自治体、国際交流協会、NPOからの視察も多い。

③対話支援は、来日した方々が日本で起こるさまざまな問題を解決するために設けられた施策である。ある意味において、外国人が住民として同様なサービスを受けることができるように、自治体の担当者が知恵を絞った結果である。④参加は、外国人住民が自治体への参加・参画が可能となるように努める施策である。当事者としての多文化共生政策のみならず政治参加、政策過程への参加を条例などで認めるという試みである。国が認めていない外国人参政権を自治体では条例で一定程度認めるという住民意思に基づいている。

以上の自治体の多文化共生政策においては、①~④まで、ネットワーク型のガバナンスが展開されている。④では、外国人住民の孤立などを防ぎ、住民としての権利を受益できるように、やはりガバナンスによる運用がなされている。

おわりに

江戸時代、太平の世では、鎖国が続き、外国との往来が限定された。そのせいか、日本では、海外への渡航だけでなく、海外からの移住をも拒む傾向が強かった。近年、そのような考え方が薄れてきたが、これもいわゆる「国際化」教育によるものが大きいだろう。

現在、年々増加する外国人住民や来日観光客、そして商用客も、日本に滞在する際は、すべては無理だとはいえ、彼ら彼女らの意見・要望をかなえることも重要となる。そして、同じ地域社会に住む人として、起こりうる多種多様な問題に一緒に取り組まなければならない時代が来ている。

これまでの「ガバメント」のようなタテ型の統治では、地域のさまざまな課題解決をもはや行うことができなくなっている。そこで、世界的な流れとして、ガバメントからガバナンスへという潮流がある。タテ型の統治システムから、ヨコ型の協働に重きを置いた統治、すなわち「協治」への移行である。そこでは、TAPEを基調とした行政ないしは公共サービスが展開される。その結果、各活動主体は対等であり、それぞれの役割分担の明確化が重要となる。

多文化共生政策では、多文化・多言語といった複雑な多岐にわたる専門性がますます必要となっている。そのためにも、この分野の専門性を確保することが求められるが、従来のように、この専門性の確保は行政だけでは厳しい。そこで、公民ないし官民連携・協働で、これらの課題に立ち向かうようなネットワーク型のガバナンスが誕生している。その際、鎖国文化の影響を受けた国民性が変わることが求められる。地域においては、そこに暮らす住民の意識が「共に生きる」という共生の意識を持つに至るという変革が究極的な問題となる。

各自治体では、理念・啓発の条例を策定し、地域住民の意識改革を図っている。このことは、今後、さらに外国人観光客や外国人住民が増加する日本において、避けては通れない課題なのである。

【参考文献・引用文献】


石川秀樹（二〇一三）「多文化共生に関わる自治体行政の課題と広域連携の可能性―官民協働の広域連携事業での多文化社会コーディネーターの役割―」東京外国語大学多言語・多文化教育研究センター『シリーズ多言語・多文化協働実践研究』一七。

江橋崇（一九九二）「外国人の市政参加・三つの視点」東京市政調査会『都市問題』八三巻六号。

大塚祚保・坂野喜隆編（二〇一一）『地方自治と行政活動』公人社。

加藤恵美（二〇〇六）「外国人の政治参加―地域社会にみる権利保障の深化の様相―」打越綾子・内海麻里編『川崎市政の研究』敬文堂。

小山八千代（一九九二）「外国人市民のための『情報提供と生活相談』」東京市政調査会『都市問題』八三巻六号。

坂野喜隆（二〇〇八）「地域文化とコミュニティ・ガバナンス」村田彰・大塚保編『現代とガバナンス』酒井書店。

総務省（二〇〇六）『多文化共生の推進に関する研究会報告書―地域における多文化共生の推進

に向けて―』。

杉澤経子（二〇一三）「自治体国際化政策と政策の実施者に求められる役割」東京外国語大学多言語・多文化教育研究センター『シリーズ多言語・多文化協働実践研究』一七。

中邨章（二〇〇三）『自治体主権のシナリオ―ガバナンス・NPM・市民社会―』芦書房。

福田耕治（二〇〇三）『国際行政学』有斐閣。

松下圭一（一九八八）『自治体の国際政策』学陽書房。

峰岸是雄（二〇〇四）「自治体の外国人施策」駒井洋編『移民をめぐる自治体の政策と社会運動』明石書店。

毛受敏浩（二〇一六）『自治体がひらく日本の移民政策』明石書店。

矢野泉編（二〇〇七）『多文化共生と生涯学習』明石書店。

山田貴夫（二〇〇〇）「川崎市外国人市民代表者会議の成立と現状」宮島喬編『外国人市民と政治参加』有信堂。

山脇啓造（二〇〇六）「多文化共生社会の形成に向けて」自治研修協会編『月刊　自治フォーラム』二〇〇六年六月号（通巻五六一号）。

渡戸一郎（一九八八）「世界都市化の中の外国人問題」東京市政調査会『都市問題』七九巻九号。

渡辺雅子（一九九五）「日系ブラジル人出稼ぎ者の世界―ライフスタイルの変化と地域生活―」東京市政調査会『都市問題』八六巻三号。


（坂野　喜隆）

K-Contentsとソフトパワー
—BTS、パラサイト、イカゲーム—

1　K-Contentsのパワーの現在

ネットフリックスのドラマ〈イカゲーム〉が全世界で人気を得て、「イカゲームシンドローム」を巻き起こした。そして、これを機に、「韓国のコンテンツ（以下、K-Contents）は世界市場でその地位を確固たるものにした。しかし、K-Contentsの人気は偶然の結果ではない。ドラマ「イカゲーム」の成功の前、BTSが〝ダイナマイト〟と〝バター〟などでアメリカのビルボード一位を一五週間獲得するなど、K-POPのシンドロームもあった。さらに、これだけではない。アカデミー作品賞をはじめ四冠王の栄誉を得た映画「パラサイト」も、K-Contentsの影響力を示していた。つまり、K-Contentsの世界での圧倒的支持は、韓国のコンテンツの成功の蓄積の産物であり、偶然の現象ではない。

2 K-Contentsの成功要因

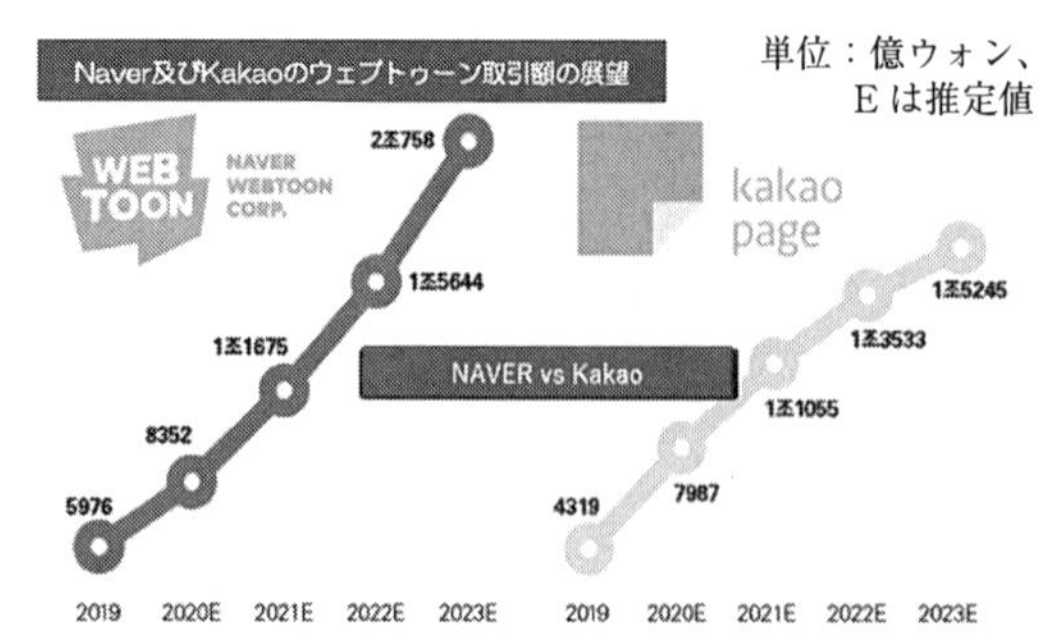

図 12–1　韓国の「ウェブトゥーン（ネットマンガ）」市場の成長推移

（注）Eは推定値、조＝兆。
（出所）ユアンタ証券ウェブサイト（https://www.sisajournal.com/news/articleView.html?idxno=213395）より。

それでは、K-Contents の成功要因は何だろうか。その要因を大きく区分すると、三つ挙げられる。第一は、二〇年という歳月をかけて育ててきた韓国の「ウェブトゥーン（ネットマンガ）」を中心とするストーリー産業の成長である。第二は、レベルの高いコンピュータグラフィックス（CG）などテクノロジーの発達である。第三は、ソーシャルメディア（SNS）を活用したデジタルビジネスモデルの構築である。それでは、各要因をより詳しくみてみよう。

第一に、韓国のストーリー産業の視点に合わせて成長の要因を分析すると、K-Contents は長い間世界市場に進出するためにさまざまなチャレンジをして来たが、最終的な辿り着いた結論は〝最も韓国的なものが通じる〟ということであった。実際、ネットフリックスで人気を得たイカゲームも、コンテンツとストーリーを伝える方式が韓国的である。つまり、映画「パラサイト」や「キングダム」などは、韓国社会の構造的問題を海外の人々が共感できるように、普遍的形態で作っているからである。つまり、社会構造的問題を最も韓国的情緒が感じられるように映像、音楽、そしてデジタル技術を駆使して創り上げたことが、成功に繋がった要因である。

　もっとわかりやすく言えば、イカゲームのように命をかけてゲームに参加するストーリー方式は海外でもすでによくあるストーリージャンルであった。一例として、二〇〇〇年に公開された日本の映画〈バトルロイヤル〉もイカゲームのようなデスゲーム方式を採用

写真 12－1　世界人気ドラマ「キングダム」の撮影地

（出所）ソウル市観光広報ウェブサイトより。

図 12－2　韓国コンテンツの波及力（イカゲームのケース）

（出所）　韓国経済新聞 2021 年 10 月 1 日、ネット版。

している。しかし、イカゲームが支持された理由は、日本の「だるまさんがころんだ」の意味にあたる「ムグンファが咲きました」のような韓国の伝統的遊びの要素を加味することで文化的差別化を実現したからである。つまり、韓国的な素材で差別化を図ったのが、親近感に微妙な差異を生み出し、多くの人々の共感を得ることができたのである。

近年、韓国の社会構造的問題を踏まえたストーリーの他に、海外で人気を得ているのは万国共通のストーリーテーマであるゾンビ物である。ネットフリックスでも「キングダム」というゾンビ物は、時代を韓国歴史上の朝鮮時代と設定することで韓国の伝統的風景を背景に置くことで普遍的価値に独自性を盛り込ませることで成功させた。

このような K-Contents の成功に対して、ネットフリックス創業者である「リード・ヘイスティングス」は、良いストーリーを徹底的にローカライズすることがK-Contentsの成功の重要な要素であると言及している。

それでは、K-Contentsとはどのようなものだろうか。その内容は、最近、日本で「六本木クラス」というタイトルでリメイクされている原作の「梨泰院クラス」というドラマから見てみよう。

図12－3 「ウェブトゥーン」＆ドラマ「梨泰院クラス」

（出所） デイリーインパクト、2020年1月17日記事より。

元々、「梨泰院クラス」は「ウェブトゥーン」のストーリーをドラマ化したのである。詳しく言えば、「梨泰院」という韓国の地域に焦点を当てて韓国の情緒が感じられるようにした。そして、それだけでなく、特定の地域の色を加味させれ、ストーリーの新鮮さに踏み込んだのである。また、ドラマのストーリーの中には、不運な状況に置かれた一人の男が逆境を勝ち抜き、自分の信念通りに生きていき、ライバルの競争で勝ち、成功を収めるという構成となっていた。そして、このストーリー構成は、他のK-Contentsに共通しており、今やK-Contentsの成功の方程式と呼ばれている。

さらに、突き詰めると、K-Contentsの成功の要因はこの方程式を実践するというだけでなく、人気コンテンツの母体となるストーリーの数の多さとも関連がある。韓国では国内を代表するプラットフォーム企業である「NAVER」と「Kakao」を中心に、コンテンツの宝庫とも言えるウェブトゥーンが多く蓄積されている。ウェブトゥーン産業の成長によって蓄積されたストーリーが、ドラマや映画化されることで今のK-Contentsの成功があるといえる。

一方、制作する側としても、ウェブトゥーンで大衆の支持を得てストーリーが検証されたものをドラマ化、映画化することがリスクをヘッジできるので、積極的に作品の制作に取り組んでいる。余談ではあるが、Kakaoのコンテンツの中ではストーリー一つ当たり一〇億円の売上を生み出していると言われている。

第二の成功要因としては、優れたコンピュータグラフィックス（CG）など製作技術力がK-Contentsの神話を作ったと話している。韓国の映像テクノロジー分野には、特殊効果（VFX）と音響補正、ダビング、特殊分装などでグローバル競争力を備えた企業が多い。例えば、デクスタースタジオという企業は二〇一九年からネットフリックスと協力している。

特に、ドラマ〈キングダム〉は、韓国で初めて4K HDR作業をリードし、DI分野で卓越した実力を見せた。現在、韓国で公開される映画のＤＩ作業の四〇％近くを担当している「デクスター」の音響関連子会社である「ライブトン」は、「パラサイト」など一〇〇〇万の観客動員数を記録した一二本の映画を含め、二五〇以上のコンテンツサウンドデザインとミキシングを専担している。最近では、〈イカゲーム〉のドルビーチャンネルミキシング技術を導入し、新しい音響世界を具現した。

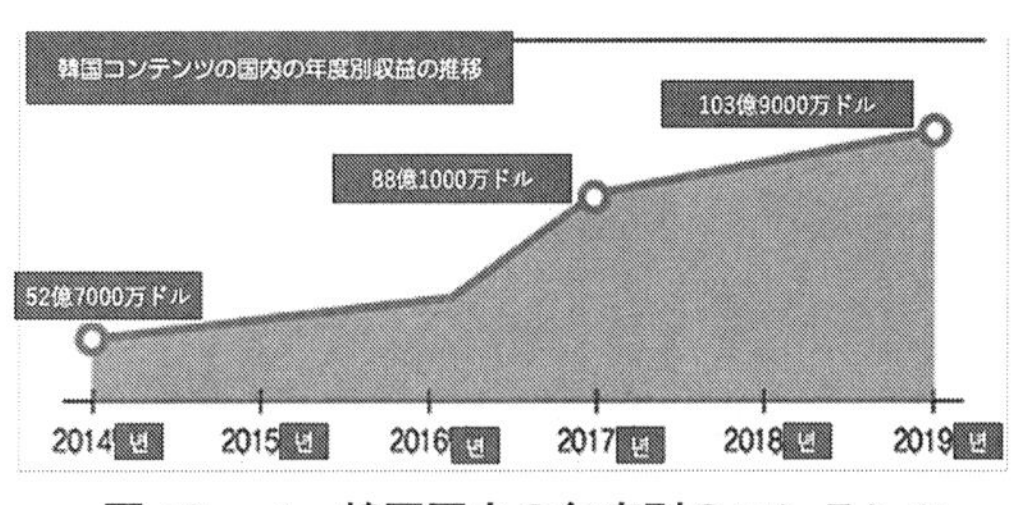

図12－4　韓国国内の年度別のコンテンツ収益の推移

（出所）　韓国コンテンツ振興院ウェブサイトより。

第三の成功要因は、ソーシャルメディア（ＳＮＳ）を活用したデジタルビジネスモデルを構築したことが挙げられる。音楽、ドラマ、映画などすべてのコンテンツは企画段階からＳＮＳを通じた広報活動を展開し、ファンを確保する戦略を展開している。例えば、ＢＴＳは全世界最大のオンライン動画サービスYouTubeに４Ｋ級超高画質ミュージックビデオを無料で公開している。ＢＴＳはデビューする前の練習生時代からファンとＳＮＳを通じてコミュニケーションしながら一緒に成長してきた。そして、このようなストーリーが持続的なファンとの関係に基づく成功に繋がったのである。ファンとしても、華やかなミュージックビデオを無料で見る中で、自然と彼らのストーリーを消費するようになっているのである。韓国のコンテンツはデジタルビジネスモデルを徹底的に追求することで、忠誠心のある顧客を確保している。ロイヤリティーが強い消費者は、商品（グッズ）、コンサート、ファンコミュニティサービスなどを持続的に消費する。コンテンツ制作会社としては核心的な収入源となっている。デジタル経済の核心が、「九五％の無料提供＋五％の忠誠顧客収益」である方程式を実現させているのだ。業界関係者は「K-POPが一時的流行ではなく、継続的に人気を得ている理由は、YouTubeに数千万の閲覧数を持つミュージックビデオが提供しているということ」と、さらに「その音楽で二次、三次著作物を作り出すように仕掛けていること」であると説明している。

このような三つの要因を背景に、K-Contentsは飛躍的な成長を成し遂げ、今は一時代のトレンドとして定着している。

3 K-ContentsのTo be continued

K-Contentsの今後を考えるために、まず、K-Contentsの過去を踏まえて、未来を予想してみたい。昔、韓国はコンテンツ分野おいて強みのある国ではなかった。韓国のコンテンツが国外に受け入れられていった背景には、政府主導によるコンテンツ産業の振興政策が存在している。韓国政府は、一九九八年の金大中大統領による『文化大統領』宣言を契機とし、国策としてコンテンツ産業の振興に取り組んできた。しかし、韓国政府は、コンテンツ産業の振興だけに力を入れてきたわけではない。並行して、コンテンツ産業が発展するための助力となるITインフラの整備などを含めた情報化政策を国家の重要目標と掲げ、推進してきた経緯がある。

ソフトパワーのコンテンツ産業を支えるものとして欠かせないのは、ハードの部分である。韓国政府は、二〇〇〇年代の初めから、高度なITインフラの重要性を視野に入れ、ITインフラの整備事業を開始した。特に、金大中政権が推進した『サイバー・コリア21』は成長の土台を作った。実際、インターネット普及率が他の先進国に比べてもとても高い。スマートフォンの普及率も世界上位レベルである。このような環境の変化の中で、韓国はほかの国に比べ、コンテンツがより身近なものとなった。さらに二〇一九年度から5G（第五世代移動通信システム）が実用化され、VR（仮想現実）やAR（拡張現実）、AIを基盤とした新技術とコンテンツが作られ、消費量も増えるようになった。

もう一つは、ITのハードな部分のほか、コンテンツ産業を支えるもう一つの組織は、韓国コンテンツ振興院の役割である。正式名称は、「Korea Creative Content Agency（韓国コンテンツ振興院）」である。韓国コンテンツ振興院は二〇〇九年、韓流コンテンツの育成と販売強化を目指し、映像やゲーム、ソフトウェアなどに関連する六機関を統合し設立された。準政府機関であり、言ってみれば、「コンテンツ政策の頭脳」と言われている。具体的に、組織の役割を見ると、韓国コンテンツ振興院は五つの事業を国民の税金によって行っている。直接的な制作費の支援、創作拠点となる施設を提供するインフラ支援、海外輸出支援、コンテンツ支援政策の推進、人材養成の五つである。三〇〇〇人の審査員がおり、コンテンツの支援については厳密な公募による審査制度で運営している。このような支援策がコンテンツの制作環境を整備することとなり、人材が集まるきっかけとなったのである。

そんな中、密かにK-Contentsのブームを牽引していて、成長が著しいのは「ゲーム」業界である。二〇一六年基準から見ると、コンテンツ産業輸出額は六〇億ドル（約六七〇〇億円）を突破した。二〇一二年から年平均六・八％の高い成長率を維持する中、ゲームの輸出額は三二億七七三五万ドルで、全体の半分以上を占めている。もともと、韓国では二〇〇〇年ごろにオンラインゲーム「スタークラフト」が流行した。現在はLOL（リーグ・オブ・レジェンド）が大流行している。プロゲーマーのマネジメント会社「STILL8」によると、eスポーツは世界の視聴者数が三億八〇〇〇万人に達し、市場は急拡大してきたのである。しかし、ゲーム産業がコンテンツ分野の成長を牽引していることに対して、韓国国内の評価はあまり高くない。それは、韓国はもともと保守的な国で、ゲームをやる人たちは『廃人』と呼ばれ、否定的に見る人々が多かった。ただし、近年、そのような視線が変わりつつある。『韓流コンテンツの中心はゲームやeスポーツ』という見方が増えており、行政も海外の企業や投資先とつないでくれたり、自治体がゲーム大会を開催したりしているからである。

このような動きを見ると、韓国のコンテンツ産業の成長において行政の役割が大きくみられる。但し、この成果は政府の力だけでK-Contentsのブームが二〇年も続いたわけはない。民間の力が大きかったのも事実である。具体的に言えば、そもそも、なぜ韓国の企業が国外に出ていくかというと、韓国は国内市場がそれほど大きくないため、企業が収益を上げ、成長するには海外市場に目を向けなければならないからだ。必要に迫られて海外市場に出て、幸いにも良い反応が起こった、ということである。つまり、企業それぞれの努力が第一にあり、その上で、われわれのような準政府機関が海外進出で出くわす障害物を取り除く役割を果たしたと考えられる。

それでは、韓国のコンテンツがこれからも持続的に成長していくには何が必要だろうか。端的に言えば、コンテンツ作りへの「Meraki」が必要であるといえる。「Meraki」とは、取り組むことに情熱を持って熱中するということを意味する。それでは、なぜMerakiだろうか。K-Contentsが成功すると、それを模倣したものが次々登場する。そうすると、既存の韓流コンテンツの特徴とも言えるものの面白みや感動などが薄れてしまう。また、他の模倣しているコンテンツと競うために、差別化を図りすぎると、既存のコンテンツの本質的な要素を忘れてしまう可能性もある。したがって、K-Contentsが今のポジションを維持するためには、時代の変化を先取るK-Contentsを生み出していく必要がある。そのためには、韓国国内の競争で勝ち抜く制作する側の努力が求められる。

特に、ここで重要なのは単に足の引っ張り合いの競争ではなく、産業事態の成長を促す生産的競争の環境を作るのが大事である。目先の利益を作るための消耗戦はせっかく成長したK-Contentsの崩壊を招く可能性もあるからである。したがって、生産的競争の環境を作るのが、K-Contentsの持続的発展のためには必要であると言える。

（全　福善）

第13章

東アジアの都市生活事情
――香港からの現地報告――

本章では、香港に着目した都市生活事情について述べていきたい。

第一節では香港の地理や歴史、近年の政策を知り、現在の香港がどのような状況にあるのかをみていく。第二節では、香港人はどのような物価、住居、賃金、医療サービスの中で生活をしているのか、またどういった教育を選択しているのかについて把握していく。

1 香港の概況

(1) 地理

周知のとおり、香港は中国の南に位置している。台湾よりも南にあり、一年を通じて暖かく、夏はスコールが降る。また湿気が多いのも特徴である。冬は普段、薄手のジャンパーで十分である。香港は一一一〇平方キロメートルで、東京都の約半分の面積である。周囲には二三五の島々があり、豊かな自然に囲まれている。香港の北側に隣接するのは中国の大都市、深圳市である（外務省「香港基礎データ」）。

（2）歴史

香港という場所は香港島、九龍地区、新界地区の三つの地域で構成されている。

一八四〇年にイギリスと清朝がアヘン戦争を起こし、一八四二年に南京条約によって香港島がイギリスに割譲された。そして一八六〇年には北京条約によって九龍半島の先端部を割譲し、一八九八年には新界と二三五の島々を租借することが決められた。九九年間、イギリス側が土地を租借するという契約であったため、約束通り、一九九七年七月に香港に返還された（「香港基礎データ」）。

香港の政府はイギリスから中国に変わり、現在（二〇二二年一二月時点）まで二五年間、統治が行われてきた。ある時、筆者が当時を知っている研究者に話を聞いたところ「支配者がイギリスから中国に変わった感じを受けた」と言っていた（G氏、二〇一八年一二月三〇日）。また一九九〇年代に日本に留学をした友人は、授業で「あなたはどこの国の人？」と聞かれ、「イギリス」と答えたら、イギリスからの留学生に「違う、中国だ」と言われ、戸惑ったことがあったと述べていた（A氏、二〇二一年一月七日）。

というのも、彼等の言葉は主に広東語であり、香港と深圳、広州は非常に密接な関係にあるからである。

写真 13－1　新界北東部（流浮山）にて（対岸は深圳）

（出所）　筆者撮影。

西側は、写真のように深圳湾を隔てたところにある。深圳は船で、数分で到着できる距離である。また東側は山岳地帯で軍隊が駐屯し、許可証を持った住民等のみが行くことが可能である。鉄道は深圳と繋がっており、入境検査で香港ＩＤ（身分証）を提示するのみで、香港人が中国本土に行くことは非常に容易である。海は高速道路でつながっており、マカオや中国の珠海市に行くことが可能である。空は香港国際空港があり、世界各地と繋がっている。

写真13－2　新界西部（北澤涌）にて

（出所）　筆者撮影。

（3）香港のイメージと実際

香港のイメージについてネット検索をしたところ、旅行サイトでは飲茶や香港の夜景、高層ビル群、様々な商品といったイメージが示されている。

しかしながら、よく知られている繁華街から一、二時間ほど離れると、豊かな海や森が広がっている。海鮮が有名な街や、海辺でのキャンプ、いかだでの釣り体験などが可能である。香港政府観光局によると、その領土の四〇%は「手つかずの自然、カントリーパーク」であるという（香港政府観光局「香港教育旅行マニュアル」）。

（4）政治体制

香港の正式名称は中華人民共和国香港特別行政区である。香港は特別な行政区であるため、独自の政府を有している。香港のトップである行政長官は二〇二二年六月まで林鄭月娥氏であったが、七月から現在の李家超氏に代わった。使用言語は広東語、英語、北京語である。公的な文章は常に中国語と英語で記されている。GDP（名目）は二〇二一年に三六九一億米ドルであった。失業率は五・二％で、日本のほぼ倍の数値である（「香港基礎データ」）。そのため、香港では仕事で業績を上げないと簡単にクビを切られるという。夫婦共働きが普通で、専業主婦は就業能力がないとみなされるようだ。

香港の重要な制度について述べておきたい。香港は一九九七年に中国に返還されてから、「一国二制度」が実施されてきた。この制度とは、香港が社会主義国の中国でありながらも、特別行政区として「高度な自治」がなされているというものである。香港は中国と異なり、資本主義体制のもとで自治が行われている。イギリス統治下のシステムを急激に変えて社会が混乱しないように、五〇年間の猶予をもうけるために作られた制度であった。香港には独自の通貨があり、パスポートがあるが、外交と軍事は中国政府が握っている。

人口は七四〇万人で、東京都の約半分の人口である。日本人は二万四〇〇〇人近く住んでおり、世界の都市ランキング（外務省）では九位の多さである（「香港基礎データ」および外

務省領事局政策課『海外在留邦人数調査統計　令和四年版』二〇二二年）。

また中国から香港に訪問する人も大勢いる。「単程通行証」という制度で香港に渡ってきた人は二〇一六年で五万七〇〇〇人程度、コロナ禍の二〇二一年では一万七〇〇〇人程度であった（香港特別行政区政府統計処『香港統計年刊　二〇二二年版』二〇二二年）。

香港の人口は七四〇万人であるが、その大部分は九龍地区と香港島に住んでいる。新界地区には山が多いので、マンションは九龍地区と香港島に集まっている。そのため、高層ビルが狭い土地に林立している。

（5）逃亡犯条例改正案に対するデモ

近年の香港のニュースと言えば、デモのことが記憶に新しいかと思う。

香港では雨傘運動が二〇一四年に行われ、香港の行政長官を直接選挙にしてほしいとの要望で約五〇万人が集まった。そして二〇一九年の逃亡犯条例改正案に対するデモでは、約一〇〇万人が集まったと言われている。

これはもともと、香港人カップルが台湾で殺人事件を起こし、被疑者の移送に際しておきた制度の変更をめざすものであった。しかし香港人は被疑者が中国に送られるということに非常に懸念し、あらゆる立場から反対意見が出された。中国では公正で透明な裁判がされないと思われていたからである。初めは休日に集まる穏やかなデモであったが、政府が改正案を撤廃しないことに対して、デモが激化していった。

筆者もこの時香港に滞在していたが、警察が駅で黒い服を着た男性に職務質問をしている場面をよく目にした。また平和な駅に突如デモ活動が起きたことで、駅は閉鎖され、電車は運休となった。空港でもデモが起きたので、空港行のバスでも航空券の確認が行われた。また、デモ参加者がマスクを着用し、彼等を特定することができないために、香港政府は「禁止蒙面規例」（覆面禁止法）を発令した。

二〇一九年一一月一七日には、香港理工大学でデモ隊と警察が最も激しく衝突した。デモ隊は香港島と九龍半島をつなぐトンネルを封鎖したり、火炎瓶を投げたりして香港政府に対し改正案を撤回し、逮捕者を釈放するよう要求した。しかしながら、デモ隊は警察によって囲みこまれ、大学内に籠城したものの、約一週間後に食糧がついて逮捕された。

デモ隊との衝突はこの戦いを境目に沈静化していき、二〇二〇年六月三〇日に香港国家安全維持法が北京で制定された。デモのきっかけであった「逃亡犯条例改正案」は各国からも懸念が示されていたこともあり、この改正案は撤回された。香港国家安全維持法では四つの行為（国家分裂、政権転覆、テロ活動、外国勢力との結託）が禁止された（『日本経済新聞』、二〇二二年六月三〇日）。

国家安全維持法により、デイリーアップルという新聞社の創業者は逮捕され、資産が凍結された。そして運営が困難になり、廃刊となった。刊行最終日には各地で新聞を購入する人で行列が出来上がっていた（『香港経済新聞』、二〇二一年六月二四日）。

（6）新たな行政長官

ちょうど国家安全維持法が施行された七月に、新たな行政長官である李家超氏が就任したため、香港はまた新たな段階に入っていった。李行政長官は愛国教育を強化し、香港の狭くて高い住宅事情の改善を行った。住宅事情は人々の大きな不満の一つだったからである。また、政府は深圳に面した新界北部を開発して、大陸との交流を促進した。二〇二二年六月には香港島と九龍半島の間に鉄道を開通させ、相互の往来をより活発にさせた。

ついこの間、中国の習近平国家主席が香港に来たのだが、そこで彼は一国二制度の堅持と香港の科学技術の発展を重視していた（香港科学園を訪問）。すでにこの頃にはデモはおさまり、香港は落ち着きを取り戻していたので、周主席も夫人と共に来ることが出来たのだと思われる。

(7) 文化活動

香港政府は文化活動にも力を入れている。香港回帰二五周年を紀念に、香港文化故宮博物館がオープンされ、中国本土とのつながりが分かりやすい形で展示されるようになった。

写真 13 − 4 香港島(中環)にて
(出所) 筆者撮影。

写真は、デモ後に設置された香港の昔を展示するブースである。天井に中国国旗と香港の旗が交互に飾られているのが印象的で、中国国旗は香港の旗の一・二倍大きく掲げられていた。

(8) コロナの流行

二〇二二年のコロナの流行により香港政府はマスク着用を義務づけた。そして「leave home safe」というアプリを広め、香港に住むすべての人に、携帯へのダウンロードを推進した。これはワクチンパスアプリで、ワクチンを打っていないと公共施設やレストラン、美容院に入れないというものであった。入る時に毎回、管理員やスタッフによってチェックされる（『香港経済日報』、二〇二二年二月一日）。当時、筆者は妊娠中でワクチンを二回までしか打っていなかったので、殆どの場所に行くことができず、社会から排除されたように感じていた。

このように閉塞感のある社会状況であったため、香港を出る人々が増加していった。イギリス植民地時代に発行された英国のＢＮＯパスポートを保持している人々は「子女の教育の為」という目的などで、イギリスに移民をしていった。英国内政部によると二〇二二年一月の時点で、少なくとも一二・三万人が申請することが予測されていたという（『BBCNEWS中文』、二〇二二年二月一日）。

しかしながら、デモ活動による逮捕を恐れて逃げてきた人々は、移民先での困難に直面している。例えば、再就職の困難や、通報への警戒などである。

さらに香港人以外にも、有能な外国人が流出するという事態が起きていた。世界的な金融会社に勤めるスタッフの妻が筆者の友人であるが、彼女によると、コロナ開始前後から金融会社はリスク回避のため、シンガポールの支店を拡大し、社員は勤務地を自由に選べるようになっていたそうである（H氏、二〇二二年六月六日）。極めて忙しい一流ビジネスマンにとって、香港のコロナ政策は大変不便で、頭脳と資金の流出は深刻なものであったと思われる。

そうした問題に危機を感じたのか、香港政府主催の重要投資家を集めた会議（二〇二二年一一月）では、コロナ規制を一斉に緩和した。この国際金融リーダー投資サミットを開催し、資産家、一流ビジネスマンを誘致し、香港経済を活性化させるために、政府は政策を大きく変えたのである。開催前の一〇月では六人以上集まって食事をすることは禁止されていたが、一一月にはすべて解除された。この会議では参加者がマスクをせず、会場で飲食をしており、自由な雰囲気が演出された（香港金融管理局「国際金融領袖投資峰会」）。それほど、投資家たちの動向は香港政府にとって重要であったことが伺える。

なお、本章では主に香港特別行政区政府統計処の資料を用いている。この資料はオンラインで公開されており、中国語と英語で表記されている。香港では政府関係資料が細かくオンライン公開をされており、一般の人々も内容を知ることができる。しかしながら、報道の自由度は「国境なき記者団」によると、二〇〇二年のアジア二位から八〇位まで下がったという（『読売新聞』オンライン、二〇二二年七月一六日）。

写真13－5　新界北部（大埔）にて
（出所）　筆者撮影。

2　香港での生活

ここでは、香港の経済や通貨などについてみていきたい。

現在のレートでは一香港ドルが一七・五〇円である。前述のとおり、香港では中国の元とは異なる貨幣を使用している。物価は簡単にいうと、日本の約二倍である。ただし中国産の野菜は安いので、日本と似た金額である。マクドナルドのビッグマックバーガーセットは約一二〇〇円ぐらいである。

値段の高い製品は主に輸入品であるが、とくに日本商品は安心安全という面で人気がある。例えば、同じキューピーマヨネーズでも、日本製には添加物が殆ど入っていないのに対し、中国製のマヨネーズにはあらゆる添加物が入っている。おそらく流通管理の問題で、このように沢山の添加物が入っていると思われるが、マヨネーズの他にも様々な商品の成分が異なっている。そのため粉ミルクなど、信頼できる国からの商品は人気である。

写真はスーパーの装飾である。香港人は日本製品をよく買うので、店内の装飾にはこいのぼりや日本の旗、桜など、日本をイメージするものがよく用いられている。香港には日本の会社やブランドが多く入ってきており、日本商品の購入は非常に簡単である。これは、日本人が香港に住みやすい理由であると思われる。貿易額をみてみても、日本は輸入高で第五位となっている。やはり最も多い輸入額は中国本土で、その次は台湾である。台湾は同じ繁体字文化でもあるので、商品が入りやすいという側面もあろう。香港からの輸出には、中国の他にアメリカ、台湾、インドが続く。日本は、輸出高でも第五位を占めている（『香港統計年刊　二〇二二年版』）。

(1) 貧富の差

香港の富裕層は非常に金持ちで、スーパーリッチといわれる人々が主に香港島に住んでいる。彼等は中国本土の金持ちでもあり、広い住居にベンツなどの高級車をいくつも保有している。個人でいくつも賃貸マンションを持っている人も少なくない。

香港の不動産状況としては、低価格の部屋として「Nano flats」（ナノフラット）という物件が挙げられる。旺角という繁華街の古いアパートでは、家賃三〇～四〇万円、家具付きといったものである。しかし、約二〇平方メートル（一二畳以下）という狭さであるため、家族全員の荷物を入れただけですぐに窮屈になってしまう。

香港には貧困層も少なくない。「Coffin homes」（棺桶の家）と呼ばれる小さな空間では、部屋を違法に区切って、複数人の居住者で共同生活をする者たちもいる。バストイレは共同で、なかにはベッドで足を伸ばせないものや、トイレの横で調理をせざるを得ない物件もある。これらは働けなくなった老人や障碍者などの社会的弱者が住んでおり、社会問題となっている。

(2) 給料について

二〇二二年で、オフィス主任の給料は約二万五〇〇〇ドル（日本円にして五〇万弱）、食器洗い工の給料は一万五〇〇〇ドル（約三〇万円）、タクシー運転手の給料は一万八〇〇〇ドル（約三六万円）である。一見高い給料にみえるが、これに高い住居費の支出があるため、生活は楽ではない（香港特別行政区政府統計処「表二二〇―一九〇一三」）。

香港人の平均寿命は男性八三歳、女性八七歳である。結婚年齢は三〇代前半で、離婚率は二・三％である（『香港統計年刊　二〇二二年版』）。

(3) 出産

香港では出生前診断は普通で、生まれる前から子どもの障碍の有無を把握する。

病院には付き添いが一人のみで、出産前にPCR検査を受け、陣痛促進剤を打って人工的に出産する。自然の陣痛を来るのを待たずに、計画的に出産をするのである。そのため、一般的な妊婦も朝九時ごろに陣痛促進剤を打って、午後に出産という形をとる。医療・衛生水準は高く、私立病院の出産費用は約八〇万円、保険は契約会社などによって異なっていた。

筆者の場合、子どもが生まれて二か月でコロナ感染をしたため、公立病院に救急車で運ばれた。コロナ患者は指定の公立病院での治療が必須であったため、入院できるまで外の待機室で八時間待たされた。医師と看護師は忙しいので事務的ではあったが、仕事ぶりは確実であった。同伴者の食事は、香港風のどんぶり一つであった。入院費は無料（乳幼児）で、退院後は自宅で隔離一週間を過ごした。

(4) ヘルパー事情

香港にはフィリピンやインドネシアなどからの家政婦が多く来ている。彼女たちの給料は約七〇〇〇ドル(約一三万円)で、雇用者家族と一緒に住み、掃除・洗濯・育児などを行う。香港では誘拐の危険があるので、子どもの見送りにはかならず大人がついていなければならない。夫婦で働く人々にとっては、このヘルパーの働きが非常に重要である。ただ雇用住宅数と全体の比率を見てみても、一三%程度であるため、その他の家庭では祖父母が育児を担っているとみられる(香港特別行政区政府統計処社会統計調査組『主題性住戸統計調査　第七二号報告書』二〇二一年三月)。

(5) 香港の教育事情

駐在員の子ども達の多くは日本語を学ぶ幼稚園に入園し、日本の学業についていけるような教育を受けている。香港日本人学校の入学規定も「日本語による教育に支障がない」程度とあり(国籍は不問)、日本語の習得は必須である(香港日本人小学校小学部「入学規定」)。ただし、香港には日本人学校の高等部がないため、香港に長く滞在する人はその先を考えなければならない。そのため、高校からインターナショナル校へ送ることを考えて、はじめから英語系の幼稚園、小中学校に送る人も一定数いる。教育熱心な家庭が多いので、公文や駿台予備校など、塾は充実している。全体的に英語に強い子どもが多く、帰国子女枠で入学することも可能である。

一方で、香港人の教育の選択肢は、現地校かインターナショナル校かの二択になる。現地校に送る家族の一例としては、家族全員が広東語もしくは北京語を話し、低い学費で学んでいくというスタイルである。優秀な学校であれば英語の習得も問題ないが、そうでない場合は、英語が身につかずに卒業することも多い。対して、意識の高い家庭では子どもをインターナショナル校に送っている。そうした家庭では母親が赤ちゃんの時から英語で、父親が広東語や北京語などで語りかけている。バイリンガル、トリリンガルの環境のなかで育つため、子ども達は自然と英語や広東語、北京語を話す能力を身に着けていく。

有名インターナショナル校では、幼稚園の入園試験準備を早くから始め、高い学費を払ってエスカレータ式にて学んでいく。香港人の教育意識は非常に高く、子どもは早朝から完璧な身なりで幼稚園に通っている。放課後、駅前のカフェなどでは、自習する香港人中高生が英語で書かれた教科書を読みながら、北京語で議論している姿をよく見かけた。

こうした家庭は決して日本のようにごく少数なのではなく、普遍的に存在している。それは彼等が成人した後に、英語が話せるか話せないかで、ホワイトカラーかブルーカラーか職種が決まってしまうからである。有名企業や病院、公共機関などでは、英語の読み書きができることは基本で、さらに専門知識が求められる。そのため、彼等は海外留学でも成果を収め、世界の金融市場で活躍し、香港の進んだ経済を支えていくことになる。

言い換えれば、教育に不熱心では、将来肉体労働に従事せざるを得ないのである。そのため、香港人は子どものころからプレッシャーにさらされている。幼稚園入園に失敗すると、後から有名校に入るのはとても難しいので、親は泣くのだといわれている。

まとめにかえて

現在、デモが落ち着き、コロナ規制が緩和され、社会は以前の穏やかさを取り戻しているかのようである。

香港に日本人が多いのは、香港人の間で日本に対する好感度が高いことが理由の一つである。街中で日本語を話しても問題がないため、駐在員家族への安全面での配慮等から、香港を選ぶ企業が多いのであろう。また様々な国の人々が本当に多いので、多国籍が当たり前という社会である。

香港人は日本がとても好きで、コロナ前は気軽に日本各地を旅行していた。日本は英語が通じないことや、入れ墨に対する考え方が異なるという不便もあるとみられるが、日本には香港にないものがありふれている。それは礼儀正しい接客、商品のハイクオリティ、「安い」物価、衛生的な街並み、きれいな水と空気などである。こうした面が、香港人を惹きつける要因となっている。

もし今後、日本の街中で香港人に出会ったら、ぜひ本章で述べたような背景を思い出してもらいたい。

追記：本章は、二〇二二年一二月に行われた流通経済大学の授業内容をもとに作成している。

【参考資料】

（年報）
外務省領事局政策課『海外在留邦人数調査統計　令和四年版』二〇二二年、一〇ページ。（https://

www.mofa.go.jp/mofaj/files/100436804.pdf)
香港特別行政区政府統計処『香港統計年刊　二〇二二年版　Hong kong Annuak Digest of Statistics 2022 Edition』二〇二二年、四、一三、六九ページ。(https://www.censtatd.gov.hk/en/data/stat_report/product/B1010003/att/B10100032022AN22B0100.pdf)
香港特別行政区政府統計処社会統計調査組『主題性住戸統計調査　第七二号報告書』二〇二一年三月六ページ。(https://www.censtatd.gov.hk/en/data/stat_report/product/C0000079/att/B11302722021XXXXB0100.pdf)

（新聞）

「【安心出行】食飯睇戲都要掃「安心出行」?」『香港経済日報』二〇二一年二月一一日(https://inews.hket.com/article/2877285/【安心出行】食飯睇戲都要掃「安心出行」?%E3%80%805%20招減低私隱外洩風險）最終アクセス日、二〇二四年一二月二〇日。

「香港「アップルデイリー」廃刊に早朝から行列　厳しい経営環境生き抜きながら苦渋の決断」『香港経済新聞』二〇二一年六月二四日（https://hongkong.keizai.biz/headline/1634/）最終アクセス日、二〇二四年一二月二〇日。

「香港国家安全法が施行　何が狙い、なぜ問題?」『日本経済新聞』二〇二二年六月三〇日(https://www.nikkei.com/article/DGXMZO60844530W0A620C2I00000/）最終アクセス日、二〇二四年一二月二〇日。

「香港BNO移民潮：戦後港人歴次〝走出去〟的因由」『BBC News 中文』（https://www.bbc.com/zhongwen/simp/world-55874253）最終アクセス日、二〇二四年一二月二〇日。

「香港メディアは「急速に委縮」…国安法一年「報道の自由が破壊された」」『読売新聞』オンライン、二〇二一年七月一六日（https://www.yomiuri.co.jp/world/20210716-OYT1T50073/）最終アクセス日、二〇二四年一二月二〇日。

（その他）

外務省「香港基礎データ」（https://www.mofa.go.jp/mofaj/area/hongkong/data.html）最終アクセス日、二〇二四年一二月二〇日。

香港金融管理局「国際金融領袖投資峰会」（https://www.hkma.gov.hk/eng/key-functions/international-financial-centre/global-financial-leaders-investment-summit/）最終アクセス日、二〇二四年一二月二〇日。

香港政府観光局「香港教育旅行マニュアル」一ページ（https://partnernet.hktb.com/filemanager/collateral/899/en/School%20Tour%Manual_AUG5202019.PDF）最終アクセス日、二〇二四年一二月二〇日。

香港特別行政区政府統計処「表二二〇－一九〇一三：按行業、職業及性別劃分的督導級、技術員級、文書級、服務及其他非生産級工人職級的平均毎月薪金、平均毎日正常工作時数与平均毎月標準工作日数」（https://www.censtatd.gov.hk/tc/web_table.html?id=28）最終アクセス日、二〇二四年一二月二〇日。

香港日本人学校香港校小学部「入学規定」(https://www.hkjs.edu.hk/~hkjspri/admission/recruitment/r6-2024/) 最終アクセス日、二〇二一年一二月一九日。

(湯川　真樹江)

おわりに

今回の成果は、一般財団法人「ユーラシア財団 from Asia」（以下、「ユーラシア財団」）のご支援を賜り、流通経済大学にて実現したものである。当該寄付講座は、「アジア共同体の可能性」というタイトルで、国際関係論と教育学を専門とする流通経済大学法学部・尹敬勲教授が二年度にわたり担当した。時期的には、新型ウィルス感染症が猛威を振るい、大学も混乱を極めた二年間であった。大学でも、オンライン授業が実践され、大学への入校が禁止された時期もあった。

このような中、当該講座は、流通経済大学五学部〔経済学部、社会学部（当時）、流通情報学部、法学部、スポーツ健康科学部〕の学生たちが二年間で約一六〇名が受講し、各分野の専門家たちを招聘した授業内容に満足したという意見が多かった。いわゆるコロナ禍で、歴史学、経済学、観光学、社会学、国際関係論、地方自治、そして医学など多岐にわたる専門分野の先生方をオンラインないし対面授業にお招きできたことは、知識欲旺盛な学生たちには大きな刺激となったことだろう。

今回の授業に国内外からおいでいただいた専門家の先生方にお礼申し上げる。今回、この書籍のために原稿を多くの先生方から頂戴したが、当方の事情により、すべてを掲載することができなかった。この紙面をもってお詫び申し上げる。出版の時期も当初の予定よりは遅れ、今に至った。大学においても、新型ウィルス感染症の影響は大きく、今回、初めて経験することが多かった。今後このような災禍が起こらないことを切に願うものである。

今回の講座の成功は、本学名誉教授・原宗子先生のご尽力に負うところが大きい。コロナ禍においても、東洋史がご専門の原先生のご人徳により、著名な先生方に本学へおいでいただくことになったことを記し、筆を終えたい。

二〇二五年一月

坂野喜隆

張正軍（第4章担当）
上海師範大学天華学院教授

平勢隆郎（第5章担当）
（公財）東洋文庫研究員、東京大学名誉教授

田村太一（第6章担当）
大阪経済大学教授

片山　剛（第7章担当）
（公財）東洋文庫研究員、大阪大学名誉教授

田島俊雄（第8章担当）
（公財）東洋文庫研究員、東京大学名誉教授

福井一喜（第9章担当）
流通経済大学准教授

和泉眞藏（第10章担当）
医師、アイルランガ大学熱帯病研究所研究顧問

全　福善（第12章担当）
韓国能率協会コンサルティング諮問委員

湯川真樹江（第13章担当）
滋賀大学経済経営研究所客員研究員

【著者紹介】

【編著者】

坂野喜隆（第11章担当）
流通経済大学法学部法学研究科教授
明治大学大学院政治経済学研究科政治学専攻博士後期課程満期退学
行政学、地方自治論
『議会が教育を変える』（単著、日本教育新聞社、2015年）
『地方自治と行政活動』（編著、公人社、2011年）ほか

原　宗子（第1章担当）
流通経済大学名誉教授
学習院大学大学院人文科学研究科史学専攻博士後期課程満期退学、
　博士（史学）
東洋史、中国環境史
『「農本」主義と「黄土」の発生』（単著、研文出版、2005年）
『環境から解く古代中国』（単著、大修館書店、2009年）ほか

【著者】

李　令福（第2章担当）
陝西師範大学教授

遠藤耕太郎（第3章担当）
共立女子大学教授

東アジアにおけるグローバル・ガバナンス
—ネットワーク構築のための相互理解—

■発　行——2025年2月10日初版第1刷

■編著者——坂野喜隆（さかのよしたか）／原宗子（はらもとこ）

■発行者——中山元春

■発行所——株式会社芦書房

〒101－0048東京都千代田区神田司町2－5
電話03－3293－0556　FAX03－3293－0557
http://www.ashi.co.jp

■組　版——ニッタプリントサービス

■印　刷——モリモト印刷

ISBN978-4-7556-1337-1 C0031